TUJIE QICHE
CHUANGANQI
SHIBIE JIANCE
CHAIZHUANG
WEIXIU

汽车传感器

识别·检测·拆装·维修

姚科业　主编

化学工业出版社

·北京·

内 容 提 要

本书系统、全面地介绍了现今汽车上比较常用和最新出现的传感器的结构、工作原理和检测方法等。全书共分九章，涵盖了位置（行程和角度）传感器、温度传感器、空气流量传感器、压力传感器、气体浓度传感器、速度与减速度传感器、爆燃与碰撞传感器等各类传感器。

本书内容全面、翔实具体，实用性强，图文并茂、浅显易懂，可供汽车维修、汽车检测及相关技术人员使用，也可作为培训用书，以及工科院校汽车专业教学参考书。

图书在版编目（CIP）数据

图解汽车传感器识别·检测·拆装·维修/姚科业主编．—北京：化学工业出版社，2013.1（2021.5重印）
ISBN 978-7-122-15704-1

Ⅰ.①图… Ⅱ.①姚… Ⅲ.①汽车-传感器-图解 Ⅳ.①U463.6-64

中国版本图书馆CIP数据核字（2012）第253442号

责任编辑：黄　滢　　　　　　　　　文字编辑：张绪瑞
责任校对：陶燕华　　　　　　　　　装帧设计：王晓宇

出版发行：化学工业出版社（北京市东城区青年湖南街13号　邮政编码100011）
印　　装：三河市双峰印刷装订有限公司
787mm×1092mm　1/16　印张13½　字数341千字　2021年5月北京第1版第20次印刷

购书咨询：010-64518888　　　　　　　售后服务：010-64518899
网　　址：http://www.cip.com.cn
凡购买本书，如有缺损质量问题，本社销售中心负责调换。

定　　价：39.00元　　　　　　　　　　　　　　　版权所有　违者必究

前 言
FOREWORD

随着电子技术的发展以及人们对汽车性能要求的提高,电子控制技术在汽车上的应用越来越广泛、也越来越复杂。汽车电子控制装置在全车成本中所占的比例逐年增加,汽车的电子化程度越来越高。目前,有些汽车电子控制装置已经占到整车造价的 1/3。各大汽车厂商纷纷加大在汽车电子控制技术上的投入,通过不断完善汽车的电子系统来提高产品的竞争力。汽车的电子化程度已成为衡量汽车档次的重要标志之一。

汽车传感器作为汽车电子控制系统的关键部件,主要是用于采集汽车运行的信息,并转换为电信号输入电控单元,为汽车实现自动控制提供信息参考。汽车传感器是汽车电子技术领域研究的核心内容之一。传感器在汽车上的应用从最初的发动机控制系统扩展到汽车的各个系统中。目前,一辆普通的家用轿车上大约安装有几十个传感器,而豪华轿车上的传感器数量可多达二百余个。

汽车传感器主要应用在发动机电子控制系统、底盘电子控制系统、车身电子控制系统和汽车电子导航系统中。本书根据传感器的类型进行分类介绍,囊括汽车各个系统所用传感器,详细介绍每种传感器的作用、安装位置、结构、原理及检修。这样可以使读者对每种传感器有一个全面的认识。

作为汽车电子控制系统中至关重要的元件,汽车传感器工作状况的好坏很大程度上决定了汽车使用性能是否良好,因此传感器的检测及维修也是汽车传感器的重要方面。鉴于广大汽车维修人员对掌握汽车传感器检修技术的迫切要求,本书讲解了传感器的检测方法,这使本书具有更高的实用价值。全书共分九章,内容主要包括汽车传感器概述、位置(行程和角度)传感器、温度传感器、空气流量传感器、压力传感器、气体浓度传感器、速度与减速度传感器、爆燃与碰撞传感器及其他传感器。

本书由姚科业主编,参加编写的人员还有杨飞燕、李春晖、李琪龙、李善良、吴江平、叶发金、廖叶茂、郑跃伟、丁红艳、李丽娟、杨汉珠、杨水建、欧春英、许晓嫦、宣承永。在本书的编写过程中,编者参考了国内外许多同行、专家的论文及论著的研究内容,在此谨表衷心感谢!

本书没有涉及高深的专业知识,文字简练,图文并茂,实用性强,可作为大专院校和职业学院相关专业师生的教学参考书,也可供汽车制造和汽车维修相关工程技术人员参考。

由于编者水平有限,时间仓促,加上涉及内容广,书中难免有不妥之处,恳请广大读者批评指正。

编 者

目 录

第一章 汽车传感器概述 …… PAGE 1

第一节　汽车传感器 …… 1
　一、传感器的基本定义 …… 1
　二、汽车传感器 …… 1
　三、汽车传感器的作用 …… 1
第二节　汽车传感器的分类与识别 …… 2
　一、汽车传感器的分类 …… 2
　二、汽车传感器的识别 …… 4
第三节　汽车传感器的检修 …… 7
　一、传感器检测注意事项 …… 7
　二、传感器的检测方法 …… 8
　三、传感器检测顺序 …… 12
第四节　汽车传感器故障及其后果 …… 13
　一、发动机电控系统传感器易发故障及故障后果 …… 13
　二、电控自动变速器中传感器易发故障及故障结果 …… 14
　三、安全气囊系统传感器易发故障及故障结果 …… 14
　四、制动防抱死系统（ABS）中轮速传感器易发故障及故障结果 …… 15
　五、电控悬架系统传感器易发故障及故障结果 …… 15
　六、电控动力转向系统传感器易发故障及故障结果 …… 15

第二章 位置（行程和角度）传感器 …… PAGE 16

第一节　概述 …… 16
　一、概述 …… 16
　二、测量参数 …… 16
　三、工作原理 …… 17
第二节　节气门位置传感器 …… 18
　一、概述 …… 18
　二、触点开关式节气门位置传感器 …… 18
　三、可变电阻式节气门位置传感器 …… 21
　四、霍尔式节气门位置传感器 …… 24
第三节　曲轴位置传感器 …… 27
　一、概述 …… 27

二、磁脉冲式曲轴位置传感器　　28
　　三、光电式曲轴位置传感器　　34
　　四、霍尔式曲轴位置传感器　　35
第四节　凸轮轴位置传感器　　38
　　一、概述　　38
　　二、磁电式凸轮轴位置传感器　　39
　　三、霍尔式凸轮轴位置传感器　　40
　　四、磁阻元件式凸轮轴位置传感器　　42
第五节　液位传感器　　43
　　一、概述　　43
　　二、浮子舌簧开关式液位传感器　　44
　　三、浮子可变电阻式液位传感器　　45
　　四、热敏电阻式液位传感器　　46
　　五、电容式液位传感器　　48
　　六、半导体型液位传感器　　49
　　七、电极式液位传感器　　50
第六节　方向盘转角传感器　　51
　　一、概述　　51
　　二、光电式方向盘转角传感器　　52
　　三、滑动电阻式方向盘转角传感器　　52
　　四、磁感应式方向盘转角传感器　　53
　　五、霍尔式方向盘转角传感器　　53
　　六、各向异性磁阻式转向盘转角传感器　　54
第七节　油门踏板位置传感器　　55
　　一、概述　　55
　　二、电位计式加速踏板位置传感器　　56
　　三、双霍尔式加速踏板位置传感器　　57
　　四、电磁感应式加速踏板位置传感器　　59
第八节　光电式转角传感器　　61
　　一、概述　　61
　　二、结构　　62
　　三、工作原理　　62
　　四、检测　　62
第九节　EGR阀位置传感器　　63
　　一、概述　　63
　　二、结构　　64
　　三、工作原理　　64
　　四、连接电路　　64
　　五、检测　　65
第十节　超声波距离传感器　　66
　　一、概述　　66
　　二、结构　　66
　　三、工作原理　　66
　　四、连接电路　　67
　　五、检测　　67

第十一节　其他位置传感器　　　　　　　　　69
　一、怠速电机位置传感器　　　　　　　　69
　二、制动踏板位置传感器　　　　　　　　70
　三、制动行程传感器　　　　　　　　　　71
　四、乘员位置传感器　　　　　　　　　　71
　五、溢流环位置传感器　　　　　　　　　72
　六、方位传感器　　　　　　　　　　　　73
　七、氮气惯性式方向传感器　　　　　　　75
　八、离合器位置传感器　　　　　　　　　76
　九、车轴传感器　　　　　　　　　　　　77
　十、转向轮角度传感器　　　　　　　　　79
　十一、车距传感器　　　　　　　　　　　80

第三章　温度传感器　　　　　　　　　PAGE 83

第一节　概述　　　　　　　　　　　　　　83
第二节　热敏电阻式温度传感器　　　　　　84
　一、冷却液温度传感器　　　　　　　　　84
　二、进气温度传感器　　　　　　　　　　86
　三、车内、外空气温度传感器　　　　　　89
　四、蒸发器出口温度传感器　　　　　　　90
　五、排气温度传感器　　　　　　　　　　92
　六、EGR（废气再循环）系统监测温度传感器　94
　七、HV蓄电池组温度传感器　　　　　　　95
　八、HV蓄电池进气温度传感器　　　　　　95
　九、辅助蓄电池温度传感器　　　　　　　96
　十、混合动力系统马达温度传感器　　　　98
　十一、升压转换器温度传感器　　　　　　98
　十二、环境温度传感器　　　　　　　　　100
　十三、液压油温度传感器　　　　　　　　101
　十四、燃油温度传感器　　　　　　　　　102
第三节　热敏铁氧体温度传感器　　　　　　103
　一、热敏铁氧体温度传感器的作用　　　　103
　二、热敏铁氧体温度传感器的安装位置　　103
　三、热敏铁氧体温度传感器的结构　　　　103
　四、热敏铁氧体温度传感器的工作原理　　103
　五、热敏铁氧体温度传感器的连接电路　　104
　六、热敏铁氧体温度传感器的检测　　　　104

第四章　空气流量传感器　　　　　　　PAGE 105

第一节　概述　　　　　　　　　　　　　　105

  一、空气流量计的作用 ………………………………………………………… 105
  二、空气流量计的安装位置 …………………………………………………… 105
  三、空气流量计的种类 ………………………………………………………… 105
 第二节 叶片式空气流量传感器 ……………………………………………………… 106
  一、叶片式空气流量传感器的结构 …………………………………………… 106
  二、叶片式空气流量传感器的工作原理 ……………………………………… 107
  三、叶片式空气流量传感器的检测方法 ……………………………………… 108
 第三节 卡曼涡流式空气流量传感器 ………………………………………………… 109
  一、超声波式卡曼涡流空气流量计 …………………………………………… 109
  二、光电式卡曼涡流空气流量计 ……………………………………………… 111
 第四节 量芯式空气流量传感器 ……………………………………………………… 113
  一、量芯式空气流量传感器的结构 …………………………………………… 113
  二、量芯式空气流量传感器的工作原理 ……………………………………… 114
  三、量芯式空气流量传感器的检测 …………………………………………… 114
 第五节 热线式空气流量传感器 ……………………………………………………… 115
  一、热线式空气流量传感器的结构 …………………………………………… 115
  二、热线式空气流量传感器的工作原理 ……………………………………… 115
  三、热线式空气流量传感器与ECU连接电路 ……………………………… 116
  四、热线式空气流量传感器检测 ……………………………………………… 116
 第六节 热膜式空气流量传感器 ……………………………………………………… 118
  一、热膜式空气流量传感器的结构 …………………………………………… 118
  二、热膜式空气流量传感器的工作原理 ……………………………………… 119
  三、热膜式空气流量传感器与ECU的连接电路 …………………………… 120
  四、热膜式空气流量传感器的检测 …………………………………………… 120

第五章 压力传感器   PAGE 122

 第一节 进气歧管压力传感器 ………………………………………………………… 122
  一、进气歧管压力传感器的作用 ……………………………………………… 122
  二、进气歧管压力传感器的安装位置 ………………………………………… 122
  三、半导体压敏电阻式进气压力传感器 ……………………………………… 122
  四、真空膜盒式进气压力传感器 ……………………………………………… 124
  五、电容式进气压力传感器 …………………………………………………… 125
 第二节 其他气体压力传感器 ………………………………………………………… 126
  一、大气压力传感器 …………………………………………………………… 126
  二、涡轮增压传感器 …………………………………………………………… 127
  三、绝对压力型高压传感器 …………………………………………………… 128
  四、相对压力型高压传感器 …………………………………………………… 128
  五、轮胎压力传感器 …………………………………………………………… 128
  六、负压传感器 ………………………………………………………………… 130
  七、燃烧压力传感器 …………………………………………………………… 130
 第三节 液体压力传感器 ……………………………………………………………… 130
  一、发动机机油压力传感器 …………………………………………………… 130

二、发动机机油压力开关传感器	131
三、制动液压力传感器	132
四、蓄压器压力传感器	133
五、共轨燃油压力传感器	134
六、空调制冷剂压力传感器	135

6 第六章 气体浓度传感器　　PAGE 137

第一节　氧传感器	137
一、氧传感器的作用	137
二、氧传感器的安装位置	137
三、二氧化锆氧传感器	137
四、二氧化钛氧传感器	140
五、宽域型氧传感器	141
第二节　NO_x 传感器	144
一、NO_x 传感器的作用	144
二、NO_x 传感器的安装位置	144
三、NO_x 传感器的结构	145
四、NO_x 传感器的工作原理	145
第三节　稀薄混合气传感器	146
一、稀薄混合气传感器的作用	146
二、稀薄混合气传感器的安装位置	146
三、稀薄混合气传感器的结构	146
四、稀薄混合气传感器的工作原理	146
第四节　烟雾浓度传感器	148
一、烟雾浓度传感器的作用	148
二、烟雾浓度传感器的安装位置	148
三、烟雾浓度传感器的结构	148
四、烟雾浓度传感器的工作原理	148
五、烟雾传感器与空调放大器连接电路	149
六、烟雾传感器的检测	150
第五节　空气品质传感器	151
一、空气品质传感器的作用	151
二、空气品质传感器的安装位置	151
三、空气品质传感器的结构与工作原理	151
第六节　柴油机烟度传感器	152
一、柴油机烟度传感器的作用	152
二、柴油机烟度传感器的结构	152
三、柴油机烟度传感器的工作原理	152

7 第七章 速度与减速度传感器　　PAGE 153

第一节　车速传感器	153

一、概述 ... 153
　　二、舌簧开关式车速传感器 ... 153
　　三、可变磁阻式车速传感器 ... 154
　　四、电磁感应式车速传感器 ... 155
　　五、光电式车速传感器 ... 157
　　六、霍尔式车速传感器 ... 160
　第二节　发动机转速传感器 ... 161
　　一、柴油发动机用转速传感器 ... 161
　　二、舌簧开关式发动机转速传感器 ... 163
　第三节　轮速传感器 ... 164
　　一、概述 ... 164
　　二、电磁感应式轮速传感器 ... 165
　　三、励磁式轮速传感器 ... 167
　　四、霍尔效应式轮速传感器 ... 167
　　五、磁阻式轮速传感器 ... 171
　　六、电涡流式转速传感器 ... 173

第八章　爆燃与碰撞传感器　　PAGE 174

　第一节　爆燃传感器 ... 174
　　一、爆燃传感器的作用 ... 174
　　二、爆燃传感器的安装位置 ... 174
　　三、爆燃传感器的类型 ... 174
　　四、爆燃传感器的结构与原理 ... 174
　　五、爆燃传感器的检测方法 ... 177
　第二节　碰撞传感器 ... 178
　　一、碰撞传感器的作用 ... 178
　　二、碰撞传感器的安装位置 ... 178
　　三、碰撞传感器的结构与工作原理 ... 178
　　四、碰撞传感器的检测 ... 185

第九章　其他传感器　　PAGE 187

　第一节　电流传感器 ... 187
　　一、晶体管式电流传感器 ... 187
　　二、集成电路式灯泡断丝检测传感器 ... 187
　　三、舌簧开关式电流传感器 ... 188
　　四、电阻-集成电路式电流传感器 ... 189
　　五、HV蓄电池组电流传感器 ... 189
　第二节　光照传感器 ... 190
　　一、日照传感器 ... 190
　　二、光电式光量传感器 ... 191

三、自动控制器用光量传感器 ……………………………… 192
第三节　湿度传感器 ………………………………………………… 194
　　一、热敏电阻式湿度传感器 ……………………………………… 194
　　二、结露传感器 ………………………………………………… 195
　　三、空气湿度传感器 …………………………………………… 195
第四节　力和转矩传感器 …………………………………………… 197
　　一、光电式转矩传感器 ………………………………………… 197
　　二、磁性转矩传感器 …………………………………………… 197
　　三、扭杆扭矩传感器 …………………………………………… 198
第五节　雨滴传感器 ………………………………………………… 200
　　一、压电式雨滴传感器 ………………………………………… 200
　　二、光电式雨滴传感器 ………………………………………… 201

参考文献 ……………………………………………………………… 203

第一章 汽车传感器概述

第一节 汽车传感器

一、传感器的基本定义

传感器是指能感受规定的被测量件并按照一定的规律转换成可用信号的器件或装置。传感器作为一种检测装置,能感受到被测量的信息,并能将检测感受到的信息,按一定规律变换成为电信号或其他所需形式的信息输出,以满足信息的传输、处理、存储、显示、记录和控制等要求。传感器是实现自动检测和自动控制所不可缺少的装置。

二、汽车传感器

汽车传感器作为汽车的"感觉器官",将各种输入参量转换为电信号。这些电信号传输给电控单元,实现电子系统。

现代汽车电子控制中,传感器广泛应用在发动机、底盘和车身各个电控系统中。汽车传感器在这些系统中主要作用是采集和传输信息,由电控单元对信息进行处理后向执行器发出指令,实行电子控制。传感器在电子控制和自我诊断系统中是必不可少的装置,它能及时识别外界的变化和系统本身的变化,再根据变化的信息去控制本身系统的工作。各个系统控制过程正是依靠传感器,进行信息的反馈,实现自动控制工作的。

传感器输出的信号主要有模拟信号和数字信号两种,其中数字信号可直接输入电控单元,而模拟信号则需通过 A/D 转换器转换成数字信号后再输入电控单元。电控单元不断地检测各个传感器的信号,一旦检测出某个输入信号不正常,就可将错误的信号存入存储器内。在故障维修时,维修技术员可以通过专用诊断仪或采取人工方法读取故障信息,再根据故障码信息内容,进行维修。

电子控制单元有效地控制着系统的工作,需要具备完整的条件,而传感器的精度、响应性、可靠性、耐久性及输出的电压信号等,对系统的控制稳定性起着至关重要的作用。

三、汽车传感器的作用

在汽车电子控制中,传感器广泛应用在发动机、底盘和车身各个电控系统中。汽车传感器担负着信息的采集和传输,由电控单元对信息进行处理后向执行器发出命令,实行电子控制。它能及时识别外界的变化和系统本身的变化,再根据变化的信息去控制本身系统的工作。

传感器按能量关系分,可分为主动型和被动型两大类。汽车上使用的传感器大多是被动型的，这类传感器需要外加电源才能产生电信号。汽车发动机、底盘和车身电控系统应用着很多种传感器，其中，某些传感器的功能是多个电控系统共用，某些是某个控制系统单用的。

第二节 汽车传感器的分类与识别

一、汽车传感器的分类

汽车传感器的分类如表 1-1 所示。

表 1-1 汽车传感器的分类

分类	依据类型	描述
根据任务和应用分类	功能性传感器	主要用于控制和调节
	安全性用传感器	安全性用传感器
	监控用传感器	如在车诊断、使用参数和磨损参数监控和向驾驶员与乘员提供信息
根据特性线类型分类	连续的线性特性线传感器	连续的线性特性线特别适用于测量范围宽的调节任务上。此外，线性特性线具有可检验性和可调性，见图(a)
	连续的非线性特性线传感器	连续的非线性特性线常用在测量参数非常窄的调节上，如空燃比 $\lambda = 1$ 的调节(调节跳动水平)。如在整个测量范围要求相对于测量值的允许偏差小时，采用特殊形、陡峭的非线性特性线传感器就特别有利，如空气流量传感器，见图(b)
	不连续的阶跃特性线传感器	不连续的阶跃，或许带滞后的特性线用于监控边界值，在达到边界值时，易于排除。如果排除比较困难可采用多次阶跃的特性线提早预报，见图(c)、(d)
根据输出信号类型分类	模拟信号传感器	模拟信号是指信息参数在给定范围内表现为连续的信号。或在一段连续的时间间隔内，其代表信息的特征量可以在任意瞬间呈现为任意数值的信号 模拟信号传感器的信号不能直接输入电控单元，而是在输入电控单元之前通过 A/D 转换器将模拟信号转换成能够让电控单元识别的数字型号。常见的模拟信号有电流、电压、频率、周期等信号

续表

分 类	依据类型	描 述
根据输出信号类型分类	数字信号传感器	数字信号指幅度的取值是离散的，幅值表示被限制在有限个数值之内。二进制码就是一种数字信号，如图(a)所示。数字信号一般不需经任何处理就可输入电控单元，如图(b)所示
根据传感器工作机理分类	结构型传感器	结构型传感器是按物理学中场的定律定义的，如动力场的运动定律、电磁场的电磁定律等。这些定律一般是以方程式给出的，这些方程式也就是许多传感器工作时的数学模型。其特点是传感器的工作原理是以传感器中元件相对位置变化引起场的变化为基础
	物性型传感器	物性型传感器是按照物质定律定义的，如胡克定律、欧姆定律等。因为物质定律是表示物质某种客观性质的法则，所以物性型传感器的性能随着材料的性质不同而异。例如：光电管就是物性型传感器，它按照物质法则中的外光电效应，其特性与电极涂层材料的性质密切相关
	复合型传感器	由结构型和物性型组合而成、兼有两者特征的传感器，称为复合型传感器
根据传感器转换能量情况分类	无源传感器	在信息变化过程中，其能量需要外部提供工作电源，才可以产生电信号给电脑的传感器，因此又称为无源传感器(传感器自己不能产生电压信号)。电阻、电感、电容等电路参数传感器，磁阻传感器，热阻传感器，应变电阻传感器，光电效应传感器都属于这一类
	有源传感器	主要由能量变换元件组成，不需要外部提供工作电源或激励源，传感器本身可以将一种能量形式直接转变成另一种能量，产生电压给控制单元的传感器，如氧气传感器、爆震传感器、磁电式传感器，霍尔传感器等，因此又称为有源传感器
根据传感器工作原理分类	电参量式传感器	常见的有：电阻式、电感式、电容式传感器
	磁电式传感器	常见的有：磁感应式、霍尔式，磁栅式传感器
	压电式传感器	常见的有：压电式力传感器，压电式加速度传感器，压电式压力传感器
	光电式传感器	常见的有：红外式、CCD摄像式、光纤式、激光式传感器等
	气电式传感器	常见的有：半导体气体传感器，集成复合型气体传感器
	热电式传感器	常见的有：热电偶等
	波式传感器	常见的有：超声波式、微波式传感器
	射线式传感器	常见的有：核辐射物位计，厚度计，密度计等
	半导体式传感器	常见的有：半导体温度传感器，半导体湿度传感器等
	其他原理的传感器	—

续表

分　类	依据类型	描　　述
根据被测量类别分类	热工量	被测量：温度、热量、比热容；压力、压差、真空度；流量、流速、风速
	机械量	被测量：位移（线位移、角位移），尺寸、形状；力、力矩、应力；重量；转速、线速度；振动幅度、频率、加速度、噪声
	物性和成分量	被测量：气体化学成分、液体化学成分；酸碱度（pH值）、盐度、浓度；密度
	状态量	被测量：颜色、透明度、磨损量、材料内部裂缝或缺陷、气体泄漏、表面质量
按制造工艺分类	集成传感器	用标准的生产硅基半导体集成电路的工艺技术制造的，通常还将用于初步处理被测信号的部分电路也集成在同一芯片上
	薄膜传感器	通过沉积在介质衬底（基板）上的相应敏感材料的薄膜形成的。使用混合工艺时，同样可将部分电路制造在此基板上
	厚膜传感器	利用相应材料的浆料涂覆在陶瓷基片上制成的，基片通常是由Al_2O_3制成的，然后进行热处理，使厚膜成形
	陶瓷传感器	采用标准的陶瓷工艺或其某种变种工艺(溶胶-凝胶等)生产

二、汽车传感器的识别

常见汽车用各种传感器的结构、安装位置与用途，如表1-2所示。

表1-2　汽车传感器的结构、安装位置与用途

传感器种类	结　构	安装位置	用　途
冷却液温度传感器	负温度系数热敏电阻	冷却水道上	测量水温
水温表热敏电阻式温度传感器	负温度系数热敏电阻	仪表板上	测量水温
车内外空气温度传感器	负温度系数热敏电阻	车内：挡风玻璃底下　车外：前保险杠内	测量车内、外空气温度
进气温度传感器	热敏电阻	空气流量计内或空滤器内；进气总管；进气导管内	测量进气温度
蒸发器出口温度传感器	热敏电阻	空调蒸发器片上	空调蒸发器出口温度
排气温度传感器	热敏电阻，热电偶，熔断器	三元催化转化器上	测量排气温度
EGR监测温度传感器	热敏电阻	EGR进气道上	EGR循环气体温度和EGR工作情况
石蜡式气体温度传感器	石蜡	化油器式发动机进气道上	低温时用作进气温度调节装置；高温时修止怠速
双金属片式进气温度传感器	金属片	化油器式发动机进气道上	低温时用于进气温度调节；高温时修正怠速
散热器冷却风扇传感器	热敏铁氧体	水箱上	控制散热器风扇转速
变速器油液温度传感器	热敏电阻	液压阀体上	测量油液温度，向ECU输入温度信息，以便控制换挡、锁定离合器结合、控制油压
真空开关传感器	膜片、弹簧	空滤器上	检测空滤器是否堵塞
油压开关传感器	膜片、弹簧	发动机主油道上	检测发动机油压

续表

传感器种类	结　构	安装位置	用　途
制动主缸油压传感器	半导体式	制动主缸的下部	控制制动系统油压
绝对压力传感器	硅膜片式	悬架系统	检测悬架系统油压
相对压力传感器	半导体式	空调高压管上	检测冷媒压力
半导体压敏电阻式进气压力传感器	半导体压敏电阻	进气总管上	检测进气压力
真空膜盒式进气压力传感器	真空膜盒、变压器	进气总管上	检测进气压力
电容式进气压力传感器	膜片式	进气总管上	检测进气压力
表面弹性波式进气压力传感器	压电基片	进气总管上	检测进气压力
涡轮增压传感器	硅膜片	涡轮增压机上	检测增压压力
制动总泵压力传感器	半导体式	主油缸下部	检测主油缸输出压力
叶片式空气流量传感器	叶片、电位计	进气管上	检测进气量
卡尔曼涡流式空气流量传感器	涡流发生器、超声波发生器、光电管	进气管上	检测进气量
热线式空气流量传感器	铂金热线	进气管上	检测进气量
热膜式空气流量传感器	铂金属固定在树脂膜上的发热体	进气管上	检测进气量
量芯式空气流量传感器	量芯、电位计	进气管上	检测进气量
二氧化锆式氧传感器	锆管、加热元件	排气管、三元催化转化器上	控制空燃比
二氧化钛式氧传感器	钛管、加热元件		
全范围空燃比传感器	二氧化锆元件、陶瓷加热器		
烟雾浓度传感器	发光元件、光敏元件、信号电路	车厢内	净化空气
磁脉冲式曲轴位置传感器(轮齿)	信号转子、永磁铁、线圈	分电器内或曲轴前端带轮之后	检测曲轴转角位置、测量发动机转速
磁脉冲式曲轴位置传感器（转子）	正时转子、G,Ne 线圈	分电器内	检测曲轴转角位置、测量发动机转速
光电式曲轴位置传感器	曲轴转角传感器、信号盘	分电器内	检测曲轴转角位置、测量发动机转速
触发叶片式霍尔曲轴位置传感器	内、外信号轮	曲轴前端	检测曲轴转角位置、测量发动机转速
同步信号传感器（或称凸轮轴位置传感器）	脉冲环、霍尔信号发生器	分电器内	判缸信号
稀薄混合气传感器	二氧化锆固体电解质	三元催化转化器上	测量排气中氧浓度，控制空燃比
磁致伸缩式爆震传感器	磁芯、感应线圈、永久磁铁	发动机缸体上	检测爆震信号、输入 ECU
共振型压电式爆震传感器	压电元件、振荡片	发动机缸体上	检测爆震信号、输入 ECU
非共振型压电式爆震传感器	平衡重、压电元件	发动机缸体上	检测爆震信号、输入 ECU

续表

传感器种类	结构	安装位置	用途
线性输出型节气门位置传感器	怠速触点、全开触点电阻器、导线	节气门体上与节气门连接	判断发动机工况，控制喷油脉宽
开关型节气门位置传感器	IDL触点、PSW功率触点、凸轮、导线	节气门体上与节气门连接	判断发动机工况，控制喷油脉宽
滚球式碰撞传感器	滚球、磁铁、导缸、触点	两侧翼子板内；两侧前照灯支架下；散热器支架左右两侧；驾驶室仪表盘和手套箱下方或车身前部中央位置	检测汽车加速度
滚轴式碰撞传感器	滚轴、触点、片状弹簧		
偏心锤式碰撞传感器	偏心锤、臂、触点、弹簧、轴		
水银开关式碰撞传感器	水银、电极		
电阻应变计式碰撞传感器	电子电路、应变计、振动块、缓冲介质		
无触点式扭矩传感器	线圈、扭力杆	转向轴上	测量转向盘与转向器之间相对扭矩
滑动可变电阻式扭矩传感器	电位器、滑环、齿轮、扭杆	转向轴上	
光电式车身高度传感器	光电耦合元件、遮光盘、轴	悬架系统减振器杆上	将车身高度转换成电信号，输入ECU
座椅位置传感器	霍尔元件、永久磁铁	座椅调节装置上	调节座椅状态
方位传感器	线圈、铁芯	GPS终端机上	车辆导航
舌簧开关型车速传感器	舌簧开关、磁铁	变速器输出轴或组合仪表内	测量汽车行驶速度
光电耦合型车速传感器	光电耦合器、转子	组合仪表内	测定变速器输入轴转速
电磁型车速传感器	转子、线圈	变速器输出轴上	
O/D直接挡离合器转速传感器	与车速传感器相同		
电磁式轮速传感器	传感头、齿圈	变速器输入轴上	检测轮速
霍尔式轮速传感器	霍尔元件、触发齿圈、永久磁铁	车轮上、减速器或变速器上	
日照传感器	光电管、滤光片	风挡玻璃下、仪表盘上侧	把太阳照射情况转变成电流，修正车内温度
光电式光量传感器	硫化镉、陶瓷基片、电极	仪表盘上方灯光控制器内	汽车灯具亮、熄自动控制
光敏二极管式光亮传感器	光敏二极管、放大器	仪表盘上，可接收外来灯光处	检测车辆周围亮度，自动控制前照灯的亮度
雨滴传感器	振动板、压电元件、放大电路	发动机室盖板上	检测降雨、控制雨刷器转速
蓄压力压力传感器	半导体压敏电阻元件	油压控制组件上方	检测油压控制组件的压力
空调压力开关传感器	膜片、活动触点、固定触点、感温包	高压压力开关安装在高压管路上	高压压力开关：高压回路压力高于规定值时使压缩机停机
		低压压力开关安装在低压管路上	低压压力开关：高压回路压力低于规定值时使压缩机停转

第三节 汽车传感器的检修

一、传感器检测注意事项

① 除在测试过程中特殊指明外,不能用指针式万用表测试 ECU 及传感器,应使用高阻抗数字式万用表或车用专用万用表进行测试。禁止使用"划火法"检查晶体管电路的通、断状况。不要用普通试灯去测试任何和 ECU 相连接的电气装置,以防止晶体管损坏,脉冲电路应采用 LED 灯或示波器检查。

② 在拆卸或安装电感性传感器时,应将点火开关断开 (OFF),以防止其自感电动势损伤 ECU 和产生新的故障。

③ 在车身上进行电弧焊时,应先断开 ECU 电源。在靠近 ECU 或传感器的地方进行车身修理作业时,更应特别注意。

④ ECU 和传感器必须防止受潮。不允许将微机或传感器的密封装置损坏,更不允许用水冲洗。ECU 必须防止受剧烈振动。

⑤ 电控系统中,故障多的不是 ECU、传感器和执行部件,而是连接器。连接器常会因松旷、脱焊、烧蚀、锈蚀和脏污而接触不良或瞬时短路,因此当出现故障时不要轻易地更换电子器件,而应首先检查连接器的状况。

⑥ 当断开蓄电池时需注意以下几点:一是必须关闭点火开关,如果在点火开关接通的状态下断开蓄电池连接,电路中的自感电动势会对电子元器件有击穿的危险;二是检查自诊断故障码是否存在,若有故障码,应记下代码后再断开蓄电池;三是断开蓄电池前,应牢记带防盗码的音响设备的编码,否则在下次使用中,音响系统自锁会影响使用。

⑦ 蓄电池搭铁极性切不可接错,必须负极搭铁。严禁在发动机高速转动时将蓄电池从电路中断开,以防产生瞬时过电压将 ECU 和传感器损坏。

⑧ 跨接启动其他车辆或用其他车辆跨接本车时,需先关闭点火开关,才能拆装跨接线。

⑨ 在点火开关接通的情况下,不要进行断开任何电气设备的操作,以免电路中产生的感应电动势损坏电子元件。

⑩ ECU 有学习功能,但 ECU 的电源电路一旦被切断(如拆下蓄电池)后,它在发动机运行过程中存储的数据会消失,因此,蓄电池断开后要装复。如果出现发动机工作状况不如以前时,先不要随便更换零部件,因为这种情况可能是蓄电池断开后 ECU 中的学习修正记忆消除的缘故。因为 ECU 根据系统实际情况进行的学习修正与根据厂家存储在只读存储器(ROM)中的数据进行控制,相比起来发动机工作状况会有差异。

如果是此种原因,待发动机运行一段时间后,ECU 会自动建立修正记忆。如果想让 ECU 完全"恢复记忆",则需通过在不同工况下的路试让 ECU 重新学习,发动机工作的不良状况会自动消失。

⑪ 注意检查搭铁线的状况,其电阻值一般不应大于 1.5Ω。

⑫ 带有安全气囊系统的汽车,对安全气囊进行检修时,如果操作不当将会使安全气囊意外张开,因此必须严格按操作程序进行,对安全气囊进行检修作业时,先将点火开关置于关闭位置,先断开蓄电池负极,等待 90s 再进行操作,以免发生意外。

⑬ 检修氧传感器时,要注意不要让氧传感器跌落碰撞到其他物体,不要用水冷却。换氧传感器时,一定要用专用的防粘胶液刷涂螺纹,以免下次拆卸困难。

⑭ 某些故障报警灯的功率不得随意改变,否则会出现异常情况。

⑮ 注意屏蔽线。对于电磁式凸轮轴位置传感器输出信号情况，仅通过测量电压或电阻来确定其是好是坏是不全面的。有很多电磁式传感器测量电阻电压都正常，但线路屏蔽不好也会导致故障。

二、传感器的检测方法

对于传感器的检测，主要有以下几种方法。

1. 故障征兆现象判断法

依据故障征兆，运用经验判断，是最直观、最简单的解决车辆故障和判断传感器好坏的方法。但其有两个缺点：一是经验积累时间长，短时间内不可能达到很高水平；二是判断结果准确率低，误判的可能性较大。

例如，在维修大众车系发动机时，如果出现发动机油耗和排气污染增加，发动机出现怠速不稳、缺火、喘振等故障现象，则很大可能是氧传感器出现故障。这是因为：一是从车型来看，该车型出现氧传感器故障的概率比较高，二是从现象上来看，氧传感器出现故障，将使电子燃油喷射系统的电脑不能得到排气管中氧浓度的信息，因而不能对空燃比进行反馈控制，从而出现上述症状。

2. 解码检测法

汽车上的电子控制系统一般都具有自诊断功能。以前的车辆，大部分都能通过手工调码的方法查出故障代码，但随着汽车的发展，尤其是进口高档车的电子控制系统只有靠仪器等专用设备才能进行诊断，而在众多的仪器设备当中使用最普遍的是电控系统检测仪，俗称解码器。

解码器通常分为原厂解码器和非原厂解码器。原厂汽车解码器是指由汽车制造厂家提供或指定的解码器，如大众（奥迪）汽车用 VAG1551、丰田汽车用 intelligent Tester 等。非原厂解码器则指不是汽车制造厂家提供或指定，而由其他仪器设备厂商生产的汽车解码器，如德国博世公司的 KTS300/500、美国的红盒子 Scanner MT2500、瑞典的 AUTODGAGNOS 及国内公司生产的电眼睛、修车王、车博士等。部分原厂解码器和通用解码器如图 1-1 所示。

VAG5051　　丰田intelligent Tester　　通用TECH2　　BOSCH诊断仪　　车博士诊断仪　　金奔腾诊断仪

(a) 专用解码器　　　　　　　　　　　　　　　　　(b) 通用解码器

图 1-1　解码器

读取与清除故障码是解码器的主要功能，因此很容易判断出故障的大致方向和部位，为传感器的检测和排查提供了方向。但有以下几点需要注意。

① 并不是所有的故障都会出现故障码。例如，三菱 V73 的 6 线式步进电机由于是 ECU 以脉冲方式进行控制，因此没有监控装置，所以出现故障后，没有故障码。又如，当水温传感器的电阻发生漂移而不准确时，如果电阻总值没有超出规定范围，虽然有故障，但不会显示故障码。

② 故障码的含义说明需弄清楚，是传感器或执行器自身故障还是线路故障；线路故障要分清是短路还是断路，是与电源短路或断路，还是与接地短路或断路等。只有清楚、明白

故障码的确切含义，才能更好地利用故障码排除故障，维修起来也可以少走弯路。

③ 通过解码器查出的故障码，只是说明某一系统或相关系统有故障，不要看到故障码就断定是该传感器或执行器有故障，就要更换，其他与之相关系统同样会造成同样故障而出现相同的故障码。

例如在检查 ABS 系统时，如果出现"轮速传感器信号不良"故障码时，不要立即更换轮速传感器，首先要检查电路各连接插头与插座针脚接触是否良好，传感器出发轮是否有脏污、锈蚀、断路或短路等现象，有些安装在车轮上的传感器其磁芯经常会吸附一些制动鼓磨掉的铁屑而导致工作不良，此时只需拆下传感器并清除磁芯上的污垢即可解决问题。同时还要观察感应齿圈是否有变形、缺齿等现象，这些都是导致出现"轮速传感器信号不良"故障码的原因，而轮速传感器本身并不一定损坏。

④ 要弄清楚是历史性故障码还是当前的故障码以及故障码出现的次数。如果是历史性故障码，就表示故障较早之前出现过，现在不出现了，但在 ECU 里面有一定的存储记忆；而当前故障码则表示是最近出现的故障，当前故障绝大部分和目前出现的系统有很大关系。

例如，大众公司的解码器上故障码前显示"SP"均表示临时的偶发性故障。故障发生的原因不外乎以下几种情况：发动机运转或点火钥匙打开的过程中拔下了某个电气插头，或者某个传感器或执行器的插头虚接，是软故障，不是硬故障。

⑤ 当读不出故障码但车辆依旧有故障症状，此时要利用解码器的数据流对传感器和执行器进行深入的分析和判断。所谓数据流，简单来说就是电控系统中的一些主要传感器和执行器的当前工作参数值（如发动机转速、蓄电池电压、空气流量、喷油时间、节气门开度、点火提前角、水温等）。维修过程中，可以通过阅读数据流来分析、发现故障所在，特别是当电控系统无故障码可供参考时，数据流分析就更加重要。每个传感器和执行器在一定条件下的工作参数值是有一定标准范围的，可以通过实际值与标准值的比较来判断某传感器和执行器是否存在异常。

⑥ 当参考故障码排除故障后，要利用解码器来清除故障码，也就是从 ECU 内部记忆体中清除其故障码记忆，并在发动机运转一段时间后（有条件的话，可以进行路试），再通过解码器来测试是否还会出现相似的故障现象，或者存储同样的故障码。

⑦ 清除故障码，不提倡用拔掉蓄电池负极的办法来进行。早期的车辆，如三菱和现代，在清除故障码时可以使用去掉蓄电池负极的方法来进行，但随着汽车技术的发展，越来越多的车辆已将故障代码存储在 ECU 中 EEPROM 中，用去掉蓄电池负极的方法是消除不掉故障码的。用去掉蓄电池负极的方法来清除故障码，不但清除不掉故障码，还会导致许多问题：一是很多车辆的 ECU 具备了自适应和自学习功能，去掉蓄电池负极后，存储在 KAM（可保持存储器）中的自适应信息丢失，导致车辆运行不稳定；二是会触发音响防盗等的防盗功能起作用导致锁死，如果不知道密码，音响便不能正常使用，预先设置在音响中的播放顺序、座椅的预定设置位置也会因此丢失。

3. 测试灯检测法

测试灯有自制的测试灯和检测专用的测试灯；可以自带电源，也可以不带电源。自制的测试灯可以用发光二极管（LED）外接 $300\sim500\Omega$ 电阻串联制成，其形式如图 1-2 所示。测试灯主要有以下几个功能。

① 检查传感器、电控元件本体或连接电路的通、断。

② 检测传感器参考电压供给是否正常。

③ 根据测试灯发光二极管频闪信号，可以检查传感器是否有脉冲输出，或 ECU 是否有执行信号输出。

图1-2 测试灯的类型

④ 对具有手工调码自诊断功能的车辆,进行手工调阅故障代码。

4. THS-II 的优点

汽车上使用万用表,除了早期手工调码读取故障码要求使用指针式万用表,一般都不主张使用指针式万用表,甚至在检测某些元件时,特别是半导体元件、有关 ECU 电路时,强调必须使用数字式万用表。这是因为数字式万用表阻抗大,通过元器件的电流小,可以避免在测量时烧毁其他元器件。

（1）电阻检测法

电阻检测法主要用于可变电阻、电位计传感器、磁电式传感器电阻的检测,对于半导体元件,一般要与标准元件的测量值对比才能得出结论。例如,对于磁电式轮速传感器,可以用欧姆表检查其电阻值,一般在室温时,电阻在 $600\sim2300\Omega$ 范围内为正常。电阻太小为线圈短路；电阻过大为连接不良；电阻非常大为断路；线圈与外壳导通为搭铁。图1-3是用万用表检测轮速传感器的连接线路。

图1-3 万用表检测轮速传感器

（2）电压检测法

对于有源传感器,由于工作时自身可以产生电压,因此可以使用电压检测法来检测传感器工作是否正常。例如氧气传感器、磁电式曲轴位置/凸轮轴位置传感器、爆震传感器等。仍以 ABS 用磁电式轮速传感器为例,拆开 ABSECU 接线插座或拔下轮速传感器的接线插头,使被测车轮以 1r/s 的速度转动时,使用万用表交流 mV 挡,测量各车轮的轮速传感器对应端子间的电压,万用表指示值应为 70mV 以上。如测量值低于规定值,原因可能是传感器与轮齿的间隙过大或传感器本身有问题,需要更换新件。

（3）电流检测法

电流检测法主要用于产生电流调制信号的新型的集成电路传感器,如主动型轮速传感器,通过万用表也可以对传感器进行检测,线路连接如图1-4所示。将万用表拨至量程在 200mA 以上的电流挡处,将表笔串在其中一根输出线上,另一根输出正常接线（注意指针式万用表要注意极性）,接通汽车电路使 ABS 系统通电,用手缓慢转动传感器安装侧的车轮,正常情况下,电流指示应在 7~14mA 之间来回波动。如果读数值只固定在 7mA 或 14mA 上,同时调整空气间隙无效时,则说明传感器失效。另外,如果接通电路后电流数值直接显示为 0 或 100mA 以上时,在确认万用表接线无误后,可以判定传感器已经断线或短路。

图 1-4　用电流法检测主动型轮速传感器

5. 示波器检测法

示波器主要用来显示控制系统中输入、输出信号的电压波形，以供维修人员根据波形分析判断电控系统故障。示波器比一般电子设备的显示速度快，是唯一能显示瞬时波形的检测仪器，是电控系统故障诊断中的重要设备。示波器检测是最准确、最直观的检测方法，可以将传感器的输出电流或电压以波形的形式显示出来，也是传感器等电气元件检测的发展方向。

仍以上述主动型轮速传感器为例，将示波器的信号输入接线分别接在传感器输出端与信号处理电路的接地端（注意区分传感器电源端进线及信号输出端），接通汽车电路使系统通电，此时用手缓慢转动传感器安装侧的车轮，正常情况下，示波器应显示出方形脉冲波形，如图 1-5 所示。如果没有脉冲波形或与波形不一致，则要调整传感器的安装空气间隙，如果调整后仍没有脉冲波形，则说明传感器失效，需要更换传感器。

6. 模拟法

模拟法就是用在断开传感器连接，其他线路连接正常的情况下，用传感器模拟测试仪模拟汽车电脑的输入信号，代替传感器工作，依据故障现象的消失或存在，来判断传

图 1-5　用示波器法检测主动型轮速传感器

感器好坏的方法；利用此类模拟法对电控系统传感器及其线路故障的诊断，可简化分析过程、缩短诊断时间、减少因盲目更换配件而带来的经济损失。

常用的具有传感器模拟测试功能的仪器有 ADD91 信号模拟仪、电控系统分析仪 SKS3058 等。它们都可以模拟发动机控制系统各传感器的各类信号，如具有模拟电压信号、频率信号、直流信号、占空比信号等功能。

例如，在判断桑塔纳 2000GLi 轿车里程表不动的故障时，打开点火开关，先找到车速传感器，拔下插头，检查霍尔式三线制车速里程表传感器供电回路（一线为 12V，另一线为地，剩余一线为信号线），如果供电回路正常，可以使用模拟器进行车速传感器模拟。因为车速传感器是霍尔式，其信号形式为脉冲频率式，因此可以用红表笔接信号线插脚，人为地输入脉冲频率信号 30Hz 到信号线，黑表笔接地，此时里程表启动，当频率加到 100Hz 以上时，表针指示满量程。这说明从插头到线路再到表均正常，问题在传感器。

7. 替代法

替代法就是对于可疑传感器，通过试换的方法来查找故障，又称试换法。

替代法可确定故障部位或缩小故障范围，但不一定能确定故障原因。在检修传感器时，最好使用相同车型、相同年款、相同型号、相同规格的传感器，暂时替代有疑问的传感器。替代后如故障现象消失，说明该故障并不是因为传感器而引起，故障在其他部分。

使用替代法检验传感器的好坏，简单又直接，但要求有一定的维修经验和可以用来替换的正常的传感器。替换时需要注意两点：一是不能用不同输出特性的传感器来替代，容易引起错误判断；二是不要绝对地认为新的零件就是好的零件，最终导致误判，因为有的新零件本身就是坏的。

三、传感器检测顺序

传感器在检测时，应该按照以下检测顺序进行。

① 征兆判断：推断可能发生故障的部位。

② 解码器检测：确认被怀疑的传感器在解码器中是否有故障码，并在数据流中加以强化判断。

③ 传感器周围的检查：为防止不是因为传感器本身故障而导致的传感器误判，要首先对怀疑的传感器部位进行外部检查，看是否有短路、断路、脏污、脱开、连线、水泡、腐蚀、氧化、接触不良、传感器变形等情况。

④ 外部电压、搭铁及线束导通的检查：为防止无源传感器由于没有供给电源而导致不能正常工作，要首先对外部电源进行检查。例如，霍尔式曲轴位置传感器如果没有 12V 或 5V 电压的供给，传感器是不会有信号输出的。如果电源和搭铁不正常，就要溯本求源，检查线路。

⑤ 本体检查：主要是外观检查和电阻检查，不用连接外部电路。针对能够进行电阻测量的传感器，如可变电阻式传感器、磁电式传感器，可以直接进行电阻的测量。例如，轮速传感器电阻检查可以关闭点火开关，拔下传感器连接器，检查前后轮的轮速传感器端子电阻，应均为 $1.0 \sim 13 k\Omega$。同样，节气门位置传感器、磁电式曲轴位置传感器的电阻和电阻变化的平稳性，可以用万用表的电阻挡直接测量，从而判断传感器是否正常。

⑥ 输出信号检查：输出信号检查主要是将传感器连接到外部经检查已经是正常的线路中，或是额外提高传感器工作条件，来对传感器输出信号进行检查的过程。输出信号检查，应该是检测结果比电阻检查更前进了一步。这是因为电脑要接受的就是输出的信号，而不是传感器本身的电阻。传感器本身电阻正常，输出的信号不一定正常。

因此，不论是有源传感器，还是无源传感器，都可以在模拟工作状况下，进行输出信号检查。需要说明的是，无源传感器必须在正确供给工作电源的情况下，才可以对传感器输出信号进行检测。输出信号的检查可以使用万用表的电压挡或电流挡进行，但使用汽车专用万用表对输出信号只是作简单的判断，更精确地判断输出信号可以使用示波器来进行。

a. 模拟直流信号：如节气门位置传感器，汽车专用万用表直流电压量程检测即可满足要求。

b. 模拟交流信号：ABS 轮速传感器、磁电式曲轴位置传感器，可以用汽车专用万用表交流电压量程检测即可满足要求。

c. 脉冲脉宽调制信号/频率调制信号的电子信号：虽然可以使用万用表，但结果不够准确，要想看清具体的变化过程，必须使用示波器。

例如，三菱汽车用的卡门涡流式空气流量传感器，在急速时，输出信号为 $2.2 \sim 3.2V$，此电压为频率调制信号的平均电压但用示波器就可以很方便地看出空气流量传感器信号的频率和幅值是否符合规定。

⑦ 维修与更换。对传感器进行以上检查后，可以基本确定传感器的好坏。更换传感器时，要严格按照操作规程操作，切忌蛮干。要关闭点火开关，且不可带电操作，否则容易损坏其他电子部件。安装时要轻拿轻放。

⑧ 维修与更换传感器后，要切记用解码器消除故障码并重新试车，模拟故障出现状况，如果在试车过程中故障现象没有重复出现，检查故障码也没有重新出现，说明判断准确，安装正确，传感器检修操作完成。

第四节 汽车传感器故障及其后果

一、发动机电控系统传感器易发故障及故障后果

发动机电控系统传感器易发故障及故障结果见表1-3。

表1-3 发动机电控系统传感器易发故障及故障结果

传感器	故障位置	故障现象	故障后果
叶片式空气流量传感器	电位计上滑片电阻值不准确	空气流量信号不准确	发动机功率下降、运转不稳、油耗增加
	电位计滑动臂与碳膜电阻接触不良	空气流量信号中断或时有时无	发动机运转中断或工作不稳
	回位弹簧弹力不足	喷油量过多	发动机耗油增加
	油泵开关点接触不良	燃油泵工作不良	发动机启动困难或启动后熄火
卡曼涡旋式空气流量传感器	电子元器件电路故障	传递频率信号不正确	发动机启动困难、怠速不稳、油耗增加
热线式或热膜式空气流量传感器	热线或热膜脏污	空气流量信号电压下降导致供油量减少	发动机运转不稳、功率下降、加速不良
	热线或热膜损坏	无空气流量信号输出	发动机不能工作
	热敏电阻工作不良	空气流量信号电压不准确	发动机运转不稳、油耗增加
进气温度传感器	热敏电阻性能发生变化、线路接触不良	进气温度传感器无信号或信号不准确	发动机不能启动或启动后运转不稳、功率下降
半导体压敏电阻式进气压力传感器	压力转换中的硅膜片损坏	不能正确检测进气歧管压力，进气量检测不准，影响空燃比	发动机工作不良、动力下降、油耗增加
真空膜盒式进气压力传感器	膜盒破损	不能正确检测进气歧管压力、进气量检测不正确，影响空燃比	发动机工作不良、动力下降、油耗增加
曲轴位置传感器	磁脉冲式信号盘、磁头	不能准确判断曲轴上止点位置信号	发动机启动困难或运转不良、怠速不稳
霍尔式凸轮轴位置传感器	集成电路损坏或永久磁铁、导磁片脏污	不能准确判断活塞上止点信号（与曲轴位置传感器信号不同步）	发动机启动困难或运转不良、怠速不稳

续表

传感器	故障位置	故障现象	故障后果
线性输出型节气门位置传感器、开关型节气门位置传感器	怠速触点接触不良	无怠速信号	发动机无怠速或怠速不稳
	全负荷触点接触不良	无全负荷信号输入	发动机无高速、加速困难
热敏电阻式水温传感器	热敏电阻性能发生变化或线路接触不良或断路	无水温信号或信号不准，电子扇不转、水温表不指示	发动机不能启动或运转不稳、功率下降
氧传感器	氧化钛式：二氧化钛陶瓷管损坏 氧化锆式：陶瓷管（或锆管）损坏、电阻丝烧断	ECU不能获得氧传感器输入的氧浓度信号	发动机油耗增加、排气冒黑烟或发动机不能工作，怠速不稳
爆震传感器	磁致伸缩式：线圈损坏压电式：振荡片损坏或压电元件损坏	不能检测发动机爆燃信号、不能自动推迟点火时间	发动机工作产生爆燃、功率下降、伴随敲缸

二、电控自动变速器中传感器易发故障及故障结果

电控自动变速器中传感器易发故障及故障结果见表1-4。

表1-4 电控自动变速器中传感器易发故障及故障结果

传感器	故障位置	故障现象	故障后果
车速传感器	舌簧开关式：触点脏污，线路断、短路；电磁感应式：线圈断、短路；断路光电式：线圈断、短路光电式：转子脏污，线路断、短路	变速器输出轴转速检测结果不准	换挡时刻不准确、产生冲击或不能正确换挡
输入轴转速传感器	感应线圈断、短路、传感器头或齿圈粘有油污、传感器消磁、传感器松动等	不能正确检测变速器的输入轴转速	ECU停止减扭控制、换挡冲击大
液压油温度传感器	热敏电阻性能发生变化，线路断、短路	不能正确换挡、不能正确控制油压、不能正确控制锁定离合器	不能正确进行换挡或换挡产生冲击
水温传感器	热敏电阻性能发生变化，线路断、短路	水温过低时，变矩器不能进入锁定，低于70℃时变速器不能升入4挡，当线路断开时，变速器不能升入高挡	自动变速器换挡困难、没有高挡或换挡产生冲击

三、安全气囊系统传感器易发故障及故障结果

安全气囊系统传感器易发故障及故障结果见表1-5。

表1-5 安全气囊系统传感器易发故障及故障结果

传感器	故障位置	故障现象	故障后果
碰撞传感器	线路断路或短路或传感器本身出现故障	SRS ECU不能正确检测到碰撞信号	发生交通事故时，电爆管不能引爆，气囊不能打开

四、制动防抱死系统（ABS）中轮速传感器易发故障及故障结果

轮速传感器易发故障及故障结果见表1-6。

表1-6 轮速传感器易发故障及故障结果

传感器	故障位置	故障现象	故障后果
轮速传感器	传感器头脏污，线圈断、短路	不能检测车轮转速	紧急制动时车轮抱死、车轮产生滑移，易造成交通事故

五、电控悬架系统传感器易发故障及故障结果

电控悬架系统传感器易发故障及故障结果见表1-7。

表1-7 电控悬架系统传感器易发故障及故障结果

传感器	故障位置	故障现象	故障后果
光电式车高传感器	晶体管损坏或线路断、短路	不能正确检测车身高度的变化	不能正确调整车轮悬架刚度
光电式转角传感器	遮光器损坏或晶体管损坏	转角传感器没有信号输入ECU	不能判断汽车转向时侧向力的大小，进而不能控制车身侧倾

六、电控动力转向系统传感器易发故障及故障结果

电控动力转向系统传感器易发故障及故障结果见表1-8。

表1-8 电控动力转向系统传感器易发故障及故障结果

传感器	故障位置	故障现象	故障后果
扭矩传感器	线路断、短路	无法测量转向盘与转向器之间的相对扭矩，即无扭矩信号输入ECU	无电控阻力作用

第二章 位置(行程和角度)传感器

第一节 概述

一、概述

位置传感器检测不同形式的行程位置和角度位置,它是汽车车用传感器中应用最为广泛的。

位置传感器是一种非紧凑型传感器,其结构尺寸与测量参数有关。按位置分级标准,将只移动几微米(如膨胀)的测量参数归入如力、转矩、加速度等的另外一些参数中。在这里,主要讨论测量较大行程(≥1mm)和较大角度(≥1)的位置传感器。

二、测量参数

较大行程和较大角度的位置传感器在汽车上得到大量应用。位置是传感器的真正的、直接的测量参数。表 2-1 为直接测量行程、角度位置的参数一览表。

在另外一些场合,测量行程、角度则代表另外一些参数,如表 2-2。

表 2-1 直接测量行程、角度的参数

测量参数	测量范围
汽油机上节气门位置	90°
加速踏板、制动踏板位置、座椅、前照灯、反光镜位置	30°
柴油机直列喷油泵齿杆行程和位置	21mm
柴油机分配式喷油泵油量调节机构的角度位置	60°
燃油箱液面高度	20~50cm
离合器调节器行程	50mm
汽车与汽车间距离或汽车与障碍物间距离	150m
转向角	±2×360°(±2 转)
汽车倾斜角	15°
行驶方向角	360°

表 2-2 直接测量行程、角度的参数

测量参数	测量范围
跳动行程（照明距离、汽车倾斜）	25cm
扭转角（扭矩）	1°~4°
滑阀偏转（流量）	30°~90°
汽车加速时弹簧-质量系统偏移	0.5~1mm

在实际中也常把增量式传感器当作角度传感器，如用于测量转速，但它本身不是角度传感器，它只测量位移角，即测量角度增量，然后再累加起来。使用这样的角度传感器测量转速受到很大的限制，因为计数器读数易受干扰脉冲的影响而出错。固定的、可检出的基准位置标记可减少计数器上的这种差错。在切断蓄电池电压时，角度测量系统也不能保持它的绝对位置，因为大多数角度位置在断开状态会发生机械变化，采用不易失的终值状态存储器可解决这一问题。

三、工作原理

1. 节气门位置传感器

节气门位置传感器将节气门开度的变化转换成电信号输入电控单元 ECU，ECU 根据节气门位置信号判定发动机的运转工况。它有线性输出型和开关型两种。

2. 曲轴位置传感器

曲轴位置传感器是控制发动机点火正时、确认曲轴位置的信号源。曲轴位置传感器用于检测活塞上止点信号和曲轴转角信号，它也是测量发动机转速的信号源。曲轴位置传感器的结构形式有磁感应式、光电式和霍尔式三种。它们安装在曲轴前端、凸轮轴前端、分电器内或飞轮上。

3. 凸轮轴位置传感器

凸轮轴位置传感器检测配气凸轮轴的位置，并将信号输入 ECU，以便 ECU 识别第一缸活塞处于压缩上止点的位置，它是控制发动机喷油系统、点火时间和爆燃的信号源。常用的凸轮轴位置传感器有光电式、磁感应式和霍尔式三种。

4. 液位传感器

液位传感器用于测定制动液液位、洗涤液液位、散热器冷却液液位、燃油液液位等，当液位减少到一定值时，产生类似于开关的接通、断开的转换，它主要有浮筒簧片开关式、电极式、热敏电阻式、滑动电阻式四种。

5. 车高与转向传感器

车高传感器是把车身高度的变化转换成传感器轴的旋转，并检测出其旋转角度，将其转换成电信号输入到电控单元中，可随时对车身高度进行调节；转向传感器是用来检测轴的旋转方向及旋转速度，并提供给 ECU，由 ECU 来调节汽车悬架系统的侧倾刚度。

6. 座椅位置传感器

座椅位置传感器用于电控单元控制的动力座椅上，它是通过霍尔元件将旋转永久磁铁的变化位置引起的磁通密度变化检测出来，并转换成电压，作为脉冲信号的形式送入电控单元。

7. 方位传感器

方位传感器是车辆的导航系统中非常重要的一种传感器，它是利用地磁产生电信号而进行检测的传感器，以指示方向的偏差。

8. 溢流环位置传感器

溢流环位置传感器应用在电控柴油机燃油喷射系统中，用来检测溢流环的位置，实现电子控制喷油量。

除了上述的这些传感器之外，还有其他的位置、角度传感器，如 EGR 位置传感器、方向盘角度传感器与油门踏板传感器等。

第二节
节气门位置传感器

一、概述

节气门位置传感器（Throttle Position Sensor，TPS），是汽车电控制系统中最重要的传感器之一，主要用于发动机电子燃油喷射系统和电控自动变速器系统。

1. 节气门位置传感器作用

在发动机电控系统中，节气门位置传感器的作用主要是将节气门开度以及节气门开度变化快慢，转变为电信号输入发动机 ECU，用于判别发动机的各种工况，从而控制不同的喷油量和点火正时。在装备电子控制自动变速器的汽车上，节气门位置传感器信号是变速器换挡和变矩器锁止时的主要信号。在新型的智能电子节气门控制系统中，节气门开启角度不再由油门踏板拉索直接进行控制，而是由节气门伺服电机根据 ECU 信号进行驱动。电子节气门轴上节气门位置传感器用来检测节气门的实际开度，ECU 以此作为反馈信号，实时控制节气门伺服电机，对节气门开度作出适当的调整。

传统的拉索控制式节气门配备的节气门位置传感器，按总体结构分为触点开关式、滑动电阻式、怠速开关与滑动电阻整合的综合式。新型的智能电子节气门控制系统所用的节气门位置传感器常见的有双滑动电阻式和线性双霍尔式两种。

2. 节气门位置传感器安装位置

节气门位置传感器安装在节气门体总成上，检测节气门开度，见图 2-1。

图 2-1　节气门位置传感器安装位置

图 2-2　触点开关式节气门位置传感器结构

二、触点开关式节气门位置传感器

1. 结构

触点开关式节气门位置传感器主要由节气门轴、大负荷触点（PSW）、凸轮、怠速触点（IDL）和接线插接器组成，其结构如图 2-2 所示。凸轮与节气门轴同轴转动，控制怠速触点和全负荷触点的开启与闭合，节气门轴随油门开度的大小而转动。

2. 工作原理

（1）怠速和减速

当节气门关闭时，传感器的怠速触点 IDL 闭合，全开触点 PSW 断开，怠速触点 IDL 输出端子输出一个低电平信号"0"，全开触点 PSW 输出端子输出一个高电平信号"1"，见图 2-3。电控单元接收到节气门位置传感器 TPS 输入的这两个电压信号时，如果车速传感器输入电控单元的信号表示车速为 0，那么电控单元便可根据这两个信号判定发动机处于怠速状态，并控制喷油器增加喷油量，保证发动机怠速转速稳定而不致熄火；如果此时车速传感器输入 ECU 的信号表示车速不为 0，那么 ECU 便可根据这两个信号判定发动机处于减速状态，从而控制喷油器停止喷油，以减少排放量和提高经济性。

图 2-3 怠速状态

（2）加速

当节气门开度逐渐增大时，凸轮随节气门轴转动并将怠速触点 IDL 顶开，从而使怠速触点处于断开状态，但由于此时全开触点 PSW 也处于断开状态，因此怠速触点 IDL 端子输出高电平信号"1"，功率触点 PSW 端子也输出高电平信号"1"。ECU 接收到两个高电平信号时，便可判定发动机处于部分负荷状态，此时 ECU 再根据空气流量传感器信号和曲轴转速信号计算确定喷油量，保证发动机的经济性和排放性能。

（3）大负荷

当节气门接近全部开启（80%以上负荷）时，凸轮转动使全开触点 PSW 闭合，此时 PSW 端子输出一个低电平信号"0"，而 IDL 端子仍处于断开状态，从而输出一个高电平信号"1"，见图 2-4。ECU 接收到这两个信号时，便可判定发动机处于大负荷运行状态，从而控制喷油器增加喷油量，保证发动机输出足够的动力。

当节气门全开时，ECU 将控制系统进入开环控制模式，此时不采用氧传感器信号。如

图 2-4 大负荷状态

果此时机车空调器在工作,那么ECU将中断空调主继电器信号约15s,以便切断空调电磁离合器的线圈电流,使空调压缩机停止工作,增大发动机输出功率,提高汽车的动力性。

为检测发动机的加减速状况,在部分发动机的节气门位置传感器上还增加了A_{CC1}和A_{CC2}信号输出触点,如图2-5所示。工作原理如下:

① 急速时　急速时IDL触点处于ON(闭合)状态,即可检测出急速状态。同时,在发动机转速高时,如该触点闭合(ON),ECU将判断为减速状态,进行"燃油喷射中断"的控制。

② 加速时　加速时,加速检测接点与印刷线路板的加速线路、A_{CC1}和A_{CC2}交替处于ON/OFF(闭合/打开)状态。对在一定时间内的急加速,在信号检出的同时,ECU进行非同步喷射控制,以提高加速油量。

③ 高负荷时　在节气门打开一定程度的高负荷时,全开(功率)接点(PSW)处于"ON"(闭合)状态,即可检测出高负荷状态。

④ 减速时　减速时,加减速检测接点处于"OFF"(打开)状态,ECU不进行非同步喷射控制。

3. 连接电路

触点开关式节气门位置传感器与ECU的连接电路如图2-6所示。

图2-5　带A_{CC1}和A_{CC2}信号触点的触点开关式节气门位置传感器

图2-6　触点开关式节气门位置传感器连接电路

4. 检测

(1) 一般性检查

开关触点式节气门位置传感器结构简单,对其检查时只需测量急速触电和功率触点的通断情况即可判定其好坏;在节气门全闭时急速触点应闭合,节气门略打开一点即断开。在节气门开度小于50°时,功率触点应断开,节气门开度超过50°时应闭合。

(2) 检测电源电压

触点开关式节气门位置传感器的电源电压检测如图2-7所示。检测时应拔下传感器插头,用万用表电压挡测量线束插接器中可动触点(TL端子)的电源电压,应为12V,否则应检查线路是否断路。

(3) 检测输出信号电压

检测时,传感器应正常连接,接通点火开关,输出的信号电压应为高电平或低电平,并且随节气门轴的转动而交替变化(由低电平"0",变为高电平"1"

图2-7　检测电源电压

或由高电平"1"变为低电平"0")。

(4) 检测端子电阻

① 检查怠速端子电阻。拔下传感器接线插头，用万用表的电阻挡测量怠速端子（IDL）与可动端子（TL）之间的电阻，其电阻值应为0Ω。转动节气门轴约40°，其电阻值应为∞，如图2-8所示。

② 检测全开触点端子电阻。拔下传感器接线插头，用万用表的电阻挡测量传感器的全开触点端子（PSW）与可动端子（TL）之间的电阻值，其电阻值应为∞，如图2-9所示。转动节气门轴约55°，电阻值应为0Ω。

图2-8　检查怠速端子电阻

图2-9　检测全开触点端子电阻

三、可变电阻式节气门位置传感器

1. 结构

可变电阻式节气门位置传感器也叫线性输出型节气门位置传感器，其结构如图2-10所示，由滑动触点a、滑动触点b、电阻器、节气门轴、接线插头组成。传感器的两个活动触点与节气门轴联动，分别用于测量节气门开度的滑动触点a和用于确定节气门全闭位置时的滑动触点b。

2. 工作原理

可变电阻式节气门位置传感器的滑动触点a可在电阻器上滑动，并与电阻器构成一电位计，利用电阻器电阻值的变化将节气门的开度值转化为一个线性电压信号，并将此线性电压信号输入给电控单元（ECU），ECU根据此信号确定节气门的开度，并对喷油量进行修正。而滑动触点b则在节气门全闭时与怠速触点IDL接触，用于提供怠速信号，并将此怠速信号输入ECU，使ECU根据此信号来实现断油及点火提前角的控制。传感器的输出特性如图2-11所示。

图2-10　可变电阻式节气门位置传感器的结构

3. 连接电路

可变电阻式节气门位置传感器与ECU的连接电路如图2-12所示。

由图2-12可知，传感器内部的电阻r的两端加有从ECU输送来的5V电压，动触点a根据节气门开度的状况在电阻r上滑动，从而改变ECU的U_{TA}端子的电压。U_{TA}端子的电压信号是模拟信号，须经A/D转换器变成数字信号，再输入到微机中去。

当节气门全闭时，IDL触点接通，IDL端子的电位变为0V，这一信号传输给ECU。ECU根据U_{TA}端子和IDL端子传来的信号之后，判断出车辆的行驶状态，修正过渡时期的空燃比，或是减少燃油供给，或是进行怠速稳定修正。

图 2-11 可变电阻式节气门位置
传感器的输出特性

图 2-12 可变电阻式节气门位置
传感器与 ECU 的连接电路

4. 检测

可变电阻式节气门位置传感器的常见故障一般为怠速触头或电位计可动触头接触不良，或电位计电阻值不够准确，容易造成发动机怠速不稳或无怠速、加速性能不良、加速性能时好时坏。故障机理：怠速触头或电位计可动触头接触不良，或电位计电阻值不够准确，从而使 ECU 不能接收到怠速信号或接收到的节气门开度信号不准及节气门开度信号时断时通等。

这里以丰田皇冠 3.0 轿车的可变电阻式节气门位置传感器为例对此类型传感器的检测方法进行介绍。丰田皇冠 3.0 轿车的可变电阻式节气门位置传感器与 ECU 的连接如图 2-13 所示。

图 2-13 节气门位置传感器与 ECU 的连接电路

（1）电压测量

重新插好导线连接器，打开点火开关，用万用表测量 IDL-E_2、U_C-E_2，U_{TA}-E_2 间的电压值，标准值见表 2-3。

表 2-3 电压标准值

测量端子	测量条件	电压值/V
IDL-E_2	节气门全开	9~14
U_C-E_2	—	4.0~5.5
U_{TA}-E_2	节气门全闭	0.3~0.8
U_{TA}-E_2	节气门全开	3.2~4.9

（2）电阻测量

① 测量怠速端子电阻　关闭点火开关，拔下节气门位置传感器导线连接器，用万用表的电阻挡检查导线连接器上 IDL 触点的导通情况，如图 2-14 所示。当节气门全关闭时，IDL-E_2 端子间应导通，电阻为零；当节气门打开时，IDL-E_2 端子间不导通，电阻应为无穷大；否则应更换节气门位置传感器。

② 测量其他端子电阻　关闭点火开关，拔下节气门位置传感器导线连接器，用万用表电阻

挡测量 U_{TA} 与 E_2 端子间电阻，其电阻值应随节气门开度的增大而呈线性增大，如图2-15所示。

图 2-14　传感器电阻检查（一）

图 2-15　传感器电阻检查（二）

在节气门限位螺钉和限位杆之间插入不同厚度的厚薄规片，用万用表电阻挡测量传感器导线连接器上各端子间的电阻，其电阻值应符合表2-4中列出的规定值。

表 2-4　可变电阻式节气门位置传感器各端子间的电阻值

限位螺钉与限位杆之间间隙	测量端子	电阻值
0mm	U_{TA}-E_2	$0.34 \sim 6.30 \mathrm{k}\Omega$
0.45mm	IDL-E_2	$0.50 \mathrm{k}\Omega$ 或更小
0.55mm	IDL-E_2	∞
节气门全开	U_{TA}-E_2	$2.40 \sim 11.20 \mathrm{k}\Omega$
—	U_C-E_2	$3.10 \sim 7.20 \mathrm{k}\Omega$

5. 调整

使用起子松开节气门位置传感器的两个固定螺钉，如图 2-16 所示。在限位螺钉和限位杆之间插入 0.50mm 厚薄规片，同时用万用表检查 IDL 与 E_2 的导通情况，如图 2-17 所示。逆时针转动节气门位置传感器，使急速触点断开，然后再顺时针方向慢慢转动节气门位置传感器，直到急速触点闭合为止，这时万用表的电阻挡有读数显示，再拧紧两个固定螺钉。其次用 0.45mm 的厚薄规片先后插入限位螺钉和限位杆之间，测量 IDL 和 E_2 之间的导通情况。当用 0.45mm 厚薄规片时，IDL 和 E_2 端子间应导通；最后用 0.55mm 的厚薄规片先后插入限位螺钉和限位杆之间，测量 IDL 和 E_2 之间的导通情况。当用 0.55mm 厚薄规片时，IDL 和 E_2 端子间应不导通。上述两种情况，若有一种不符，则应再次调整节气门位置传感器。

图 2-16　松开固定螺钉

图 2-17　检查 IDL 与 E_2 的导通情况

6. 更换

① 将节气门开度保持在 45° 左右。

② 拧下节气门位置传感器的两个固定螺钉,拆下节气门位置传感器。

③ 将新的节气门位置传感器的芯轴转到底,然后装到节气门轴上,拧紧两个固定螺钉。

④ 重新调整节气门位置传感器。

四、霍尔式节气门位置传感器

1. 结构

双霍尔式线性节气门位置传感器广泛用于三菱和丰田轿车上。

位于节气门体的节气门位置传感器的功能是测量节气门的位置,向发动机 ECU 输出与节气门轴转角成正比的电压信号。根据该传感器输出的电压,发动机 ECU 控制节气门控制伺服电机进行反馈控制。

非接触式的霍尔传感器包括一个固定在踏板轴上的永磁铁、一个输出电压与磁通量成正比的线性霍尔集成电路,一个有效地将永磁铁的磁通量转入霍尔集成电路的定子。构造如图 2-18 所示。

图 2-18 双霍尔式线性节气门位置传感器

2. 工作原理

这里以丰田车上的双霍尔式线性节气门位置传感器为例介绍霍尔式线性节气门位置传感器工作原理。

当节气门全闭时,即如图 2-19(a) 所示,磁场方向向上,流入霍尔集成电路的磁通量最大,此时,节气门位置传感器电压输出最小。当节气门全开时,如图 2-19(c) 所示,磁场方向反向向下,流入霍尔集成电路的磁通量最大。此时,节气门位置传感器电压输出最大。当节气门半开时,即如图 2-19(b) 所示,磁通量为零。节气门位置传感器输出电压在中间值。节气门位置传感器通过两个系统(主、副)输出,这就提高了系统测量故障的准确性,增强了故障保护功能,确保了可靠性。

(a) 完全关闭　　(b) 打开一半　　(c) 完全打开

图 2-19 霍尔式节气门位置传感器的工作原理

图 2-20 所示是丰田凯美瑞（混合动力版）双霍尔式线性节气门位置传感器输出特性曲线。

备注：

1. 传感器端子V_{TA}检测的节气门开度以百分比形式表示。

    10%和22%之间：节气门全开

    64%和96%之间：节气门全开

    约19%：失效保护角度(6.5°)

2. 传感器输出特点：

    V_{TA}和$V_{TA2}×0.8$之间的电压差约为1.11V。

    ($V_{TA2}×0.8$约等于$V_{TA}+1.11V$)

*：失效保护控制过程中

图 2-20 霍尔式节气门位置传感器的工作原理

节气门位置传感器有两个传感器电路 V_{TA} 和 V_{TA2}，各传送一个信号。V_{TA}用于检测节气门开度，V_{TA2}用于检测 V_{TA} 的故障。传感器信号电压与节气门开度成比例，在 0V 和 5V 之间变化，并且传输至混合动力车辆控制 ECU 的端子 V_{TA}。

节气门关闭时，传感器输出电压降低；节气门打开时，传感器输出电压升高。混合动力车辆控制 ECU 根据这些信号来计算节气门开度并响应驾驶员输入来控制节气门执行器。这些信号同时也用来计算空燃比修正值、功率提高修正值和燃油切断控制。

混合动力车辆失效保护功能：

存储这些 DTC 中的任何一个和与电子节气门控制系统故障有关的其他 DTC 时，混合动力车辆控制 ECU 进入失效保护模式。在失效保护模式下，混合动力车辆控制 ECU 切断流向节气门执行器的电流，且节气门在回位弹簧的作用下恢复到 6.5°节气门位置。混合动力车辆控制 ECU 停止发动机，可仅使用混合动力系统驾驶车辆。如果平稳而缓慢地踩下加速踏板，车辆会缓慢行驶。

失效保护模式一直运行，直至检测到通过条件并且随后电源开关置于 OFF 位置。

3. 连接电路

图 2-21 和图 2-22 所示分别是丰田轿车和三菱轿车上的霍尔式节气门位置传感器与 ECU 的连接电路。

4. 检测

这里以三菱轿车霍尔式节气门位置传感器为例介绍检测方法。

（1）电压测量

① 测量输入电压 关闭点火开关，断开节气门位置传感器插头，打开点火开关，用万用表的电压挡测量线束侧 5#端子，检查是否有 5V 电压输入。如果没有，应检查传感器 5#端子与 ECU C-113 中的 106#端子是否导通，如果不导通，检查线路线束，如果导通，说明 ECU 没有 5V 电压输出，应更换 ECU。

② 测量输出电压 由于在使用万用表检测输出电压时，需要配备专用线束三通接头，

或刺破信号线，因此，三菱公司推荐使用其专用解码器 MUT-Ⅲ，通过读取数据流从而进行输出电压的检测。

图 2-21　丰田轿车霍尔式节气门位置
传感器与 ECU 的连接电路

图 2-22　三菱轿车霍尔式节气门位置
传感器与 ECU 的连接电路

将点火开关置于"ON"，应用 MUT-Ⅲ，断开进气软管，用手慢慢打开节气门，从数据流读出 14 项节气门位置传感器（副）和 79 项节气门位置传感器（主）的电压数值，看电压数值是否可以随节气门的打开而同步变大，如果变化不同步或中间有断点，则节气门位置传感器线路或本体有故障。有关节气门位置传感器的数据流见表 2-5。

表 2-5　有关节气门位置传感器的数据流

8A	节气门位置传感器（主）	点火开关"ON"，用手指完全封闭节气门	0~12%
		点火开关"ON"，用手指完全打开节气门	75%~100%
9A	节气门位置传感器（主）中间开度学习值	点火开关"ON"，不论节气门是打开还是关闭	0.8~1.8V
79	节气门位置传感器（主）	点火开关"ON"，用手指完全封闭节气门	0.3~0.7V
		点火开关"ON"，用手指完全打开节气门	≥4.0V
14	节气门位置传感器（副）	点火开关"ON"，用手指完全封闭节气门	2.2~2.8V
		点火开关"ON"，用手指完全打开节气门	≥4.0V

③ 测量搭铁　关闭点火开关，断开节气门位置传感器插头，打开点火开关，用万用表的电压挡测量线束侧 3♯端子与蓄电池负极是否导通。正常情况下，应该导通，如果不导通，应检查线路、接头、ECU。

（2）电控节气门系统的初始化

在更换新的节气门体后，或由于节气门阀片区有油污被清洁后，都要进行节气门的学习，进行初始化，方法如下：

① 启动发动机，进行暖机，使发动机水温达到80℃以上。若发动机水温就在80℃以上，则不必进行暖机。

② 将点火开关置于"ON"位置。

③ 把点火开关旋回至"LOCK"位置，停止发动机运转。

④ 在"LOCK"位置停止10s，然后再次启动发动机，使发动机怠速运转。

⑤ 10min后，在变速箱"N"挡，灯类及散热器冷却风扇等电器附件全关条件下，检查发动机怠速是否正常。如怠速正常，说明节气门自学习后节气门位置适当，怠速节气门开度正常。至此，节气门学习完成。反之，如怠速不正常，节气门需按上述过程重新进行学习操作。

第三节　曲轴位置传感器

一、概述

1. 功用

曲轴位置传感器（CKP或CPS-Crankshaft Position Sensor），又称为发动机转速与曲轴转角传感器，其功用是采集曲轴转动角度和发动机转速信号，并输入电子控制单元（ECU），以便确定喷射顺序、喷射正时、点火顺序、点火正时，并根据信号监测到的曲轴转角波动的大小来判断发动机是否有失火现象。

无曲轴位置传感器信号，发动机ECU认为发动机没有运转，因此喷油器不能喷油。点火和喷油集中控制的电子控制发动机，还不能点火。所以，曲轴位置传感器是计算机控制点火系统、发动机电子控制系统最重要的传感器之一。

2. 安装位置

曲轴位置传感器一般安装于曲轴前端、分电器内、靠近飞轮的变速器壳体上三个位置，个别的车辆还有安装于发动机缸体中部下侧。曲轴位置传感器常见的安装位置如图2-23所示。

图2-23　曲轴位置传感器的安装位置

曲轴传感器根据其工作原理的不同，可分为磁脉冲式曲轴位置传感器、光电式曲轴位置传感器和霍尔效应式曲轴位置传感器三种。

二、磁脉冲式曲轴位置传感器

1. 丰田车系磁脉冲式曲轴位置传感器

（1）结构

丰田公司 TCCS 系统使用转子磁脉冲式曲轴位置传感器，安装在分电器内，其结构如图 2-24 所示。该传感器分上下两部分，上部分产生 G 信号，下部分产生 Ne 信号。两部分都是利用带轮齿的转子旋转，使信号发生器内的线圈磁通变化，从而产生交变电势，经放大后，将该信号输入电子控制单元。

图 2-24 转子磁脉冲式曲轴位置传感器

Ne 信号用来检测曲轴转角和发动机转速信号，它相当于轮齿式曲轴位置传感器的 1°信号。它由固定在分电器内下半部等间隔 24 个齿轮的转子（即 Ne 正时转子）及固定在轮齿转子对面的感应线圈组合而成。

（2）工作原理

轮齿随转子的转动而转动，与感应线圈凸缘（即磁头）的空气间隙变化，使感应线圈的磁场变化而产生感应电动势。轮齿靠近或远离磁头时，都会产生一次增减磁通的变化。每一个轮齿通过磁头时，都会在感应线圈中产生一个完整的交流电压信号。

Ne 正时转子上有 24 个齿，转子转一圈，即曲轴转两圈（720°）时，感应线圈产生 24 个交流信号，即 Ne 信号。Ne 信号如图 2-25 所示，它的一个周期的脉冲相当于 30°曲轴转角（720°÷24＝30°）。更精确的转角测量是利用 30°转角的时间，由 ECU 再均分 30 等份，产生

图 2-25 Ne 信号发生器结构与波形

1°曲轴转角的信号。同时，检测发动机的转速，是由ECU依照Ne信号的两个脉冲，即60°曲轴转角所经过的时间为基准测量发动机的转速。

G信号用于识别汽缸及检测活塞上止点位置，这相当于轮齿磁脉冲式曲轴位置传感器的120°信号。G信号是位于Ne信号发生器上方的凸缘轮（即G正时转子）及其对面对称的两个感应线圈产生的，其结构如图2-26所示。G信号的产生原理与Ne信号产生原理相同，G信号也用于作为Ne信号计算曲轴转角的基准信号。

图2-26　G信号发生器机构与波形

G_1、G_2信号分别用于检测六缸及一缸上止点位置，由于G_1、G_2信号发生器设置的关系，当产生G_1、G_2信号时，实际上活塞并不是正好在上止点，而是在上止点前10°的位置。曲轴位置传感器的G_1、G_2和Ne信号与曲轴转角的关系如图2-27所示。

图2-27　G、Ne信号与曲轴转角的关系

图2-28　曲轴位置传感器与ECU的连接电路

（3）连接电路

曲轴位置传感器与ECU的连接电路如图2-28所示。

（4）检测

① 曲轴位置传感器的电阻检测　关闭点火开关，拔下曲轴位置传感器连接器插头，用万用表的电阻挡测量曲轴位置传感器上各端子间电阻，其电阻值应符合表2-6中的规定。如果电阻值不在规定范围内，必须更换曲轴位置传感器。

表 2-6 曲轴位置传感器各端子间电阻

端　子	测量条件	电阻值/Ω
G_1-G_	冷态	125～200
	热态	160～235
G_2-G_	冷态	125～200
	热态	160～235
Ne-G_	冷态	155～250
	热态	190～290

② 检查曲轴位置传感器的输出信号　拔下曲轴位置传感器上的连接器，当发动机运转时，用万用表的电压挡检测曲轴位置传感器上 G_1-G_、G_2-G_、Ne-G_ 端子间是否有电压脉冲信号输出。如果没有电压脉冲信号输出，则应更换曲轴位置传感器。

图 2-29　感应线圈与正时转子的间隙检查

③ 检查感应线圈与正时转子的间隙　用厚薄硅片测量正时转子与感应线圈凸出部分的空气间隙，其标准间隙为 0.2～0.4mm，如图 2-29 所示。若间隙不在规定范围，则应调整或更换分电器总成。

2. 大众车系磁脉冲式曲轴位置传感器

大众轿车使用轮齿磁脉冲式曲轴位置传感器 G28，用它检测发动机曲轴转角和活塞上止点，并将检测信号及时输入发动机电子控制单元，用以控制点火时刻和喷油正时，同时也用于测量发动机的转速。

（1）结构

磁脉冲式传感器用螺钉固定在发动机缸体上，由传感器磁头、齿缺、信号转子和连接器插头组成，如图 2-30 所示。线圈即为信号线圈，永磁铁上带有一个磁头，磁头与信号转子相对安装，磁头与导磁板连接构成导磁回路。在信号转子的圆周上均匀制有 58 个凸齿、57 个小齿缺和一个大齿缺，大齿缺输出基准信号，对应 1 缸或 4 缸上止点前一定角度。大齿缺所占的弧度相当于两个凸齿和三个小齿缺所占的弧度。所以每个凸齿和小齿缺所占的曲轴转角均为 3°，所以大齿缺所占的曲轴转角为 15°。

图 2-30　曲轴位置传感器的结构

（2）原理

当信号转子凸齿的中心线与磁头对正时，磁通的变化率为零，在线圈中的感应电动势为零；而当信号转子的凸齿离开磁头时，磁通量减少，感应电动势为负值；而当信号转子的凸齿接近磁头时，凸齿与磁头间的气隙减小、磁通量增多，感应电动势为正值。可知，信号转子每转过一个凸齿，传感线圈中就产生一个交变电动势，即一个最大值和一个最小值，感应线圈即输出一个交变电压信号。信号转子上的大齿缺转过磁头时，输出一个宽脉冲信号，该信号对应 1 缸或 4 缸上止点前一定角度。ECU 接收到宽脉冲信号时，再根据凸轮轴位置传感器输入的信号最终判定是 1 缸还是 4 缸在上止点前。信号转子上有 58 个凸齿,所以信号转子每转一转,传感器线圈就产生 58 个交变电压信号,并输入 ECU,作为计算曲轴转速和曲轴转角的依据。

在发动机运行中,当曲轴位置传感器出现故障时,会导致信号中断,发动机立即熄火,这时电子控制单元可以诊断到故障并进行存储。利用 VAG1551 或 VAG1552 故障诊断仪,通过故障诊断插座可以读取故障信息。对于曲轴位置传感器的检测,主要测量各端子间电阻、信号转子凸齿与磁头间间隙等。

(3) 电路连接

曲轴位置传感器与 ECU 的电路连接如图 2-31 所示。端子 1 为转速与转角正极,与 ECU 的 56 端子相连;端子 2 为转速与转角的负极,与 ECU 的 63 端子相连;端子 3 为屏蔽线端子,与 ECU 的 67 端子相连。

图 2-31 曲轴位置传感器与 ECU 的电路连接

(4) 测量

① 检查曲轴位置传感器的电阻 关闭点火开关,拔下传感器连接器插头,按图 2-31 进行,检查传感器上 1 与 2 端子间电阻,应为 450~1000Ω。若电阻为无穷大,说明信号线圈存在断路,应更换传感器。检查传感器上 1 或 2 端子与屏蔽线端子 3 之间的电阻,阻值应为无穷大,如果电阻不是无穷大,则应更换传感器。

② 检查传感器与 ECU 之间的连接线束 分别检查 1 与 56 端子,2 与 63 端子,3 与 67 端子间的电阻值,应不超过 1.5Ω。如果电阻为无穷大,说明存在导线断路或接触不良,需进行维修。

③ 检查信号转子与磁头间间隙 用厚薄规片检查信号转子与磁头间间隙,标准值为 0.2~0.4mm。若有变化,需进行调整。

3. 日产车系磁脉冲式曲轴位置传感器

(1) 结构

日产车系的轮齿磁脉冲式曲轴位置传感器由轮齿式信号盘、磁头、线圈、脉冲成形电路、连接器等组成,如图 2-32 所示。它安装在曲轴前端的带轮之后。在带轮后端有一个带细齿的薄齿盘,即信号盘。信号盘和曲轴带轮一起安装在曲轴上,与曲轴一起旋转。在信号盘的外缘,沿圆周每隔 4°加工一个齿,共 90 个齿。此外,每隔 120°布置一个凸缘,共 3 个。安装在信号盘边沿的传感器盒是产生信号的发生器,在内部有三个绕有线圈的永磁铁磁头,其中磁头 A 和磁头 C 共同产生曲轴 1°信号,磁头 B 产生 120°信号。磁头 A 和磁头 C 对着信号盘的齿圈,磁头 A 相对于磁头 C 间隔 3°曲轴转角位置。磁头 B 对着信号盘的 120°凸缘。信号发生器内有信号形成与放大电路,外部有四孔连接器,1#端子为 120°信号输出,2#端子为信号形成与放大电路的电源孔,3#端子为 1°信号输出线,4#端子为接地线。通过连接器将曲轴位置传感器的感应信号输入电子控制单元。

(2) 原理

发动机运转时,信号盘的齿和凸缘切割磁场的磁感线,使绕在磁铁上的感应线圈产生感应电动势,经滤波整形后,形成脉冲信号,如图 2-33 所示。曲轴每转一圈,在磁头 B 上产生 120°脉冲信号,在磁头 A 和 C 上交替各产生 90 个脉冲信号。

图 2-32 轮齿磁脉冲式曲轴位置传感器

图 2-33 脉冲信号的产生

因为磁头 A 和 C 相隔 3°，而磁头 A 和 C 又都是每隔 4°产生一个脉冲信号，所以磁头 A 和 C 产生的脉冲信号实际上存在 90°相位差，将这两个信号送入信号形成与放大电路合成信号，即产生曲轴 1°转角信号，如图 2-34 所示。

图 2-34 曲轴 1°转角信号产生原理

图 2-35 磁头 B 与曲轴的位置关系

产生120°信号的磁头B安装在上止点前70°的位置,如图2-35所示。该信号也叫做上止点前70°信号,即发动机在运转时,各缸上止点前70°均由磁头B产生一个脉冲信号。

4. 别克车系磁脉冲式曲轴位置传感器

别克轿车有两种类型曲轴位置传感器,分别为24X曲轴位置传感器和7X曲轴位置传感器。其中7X曲轴位置传感器属于磁脉冲式曲轴位置传感器,是利用磁感应的原理制成的。它主要作用是测定发动机高速运转时曲轴的位置和发动机的转速。

（1）结构

7X曲轴位置传感器的信号盘铸在曲轴上的一个特殊的轮上,有7个加工的切槽,其中6个槽以60°间隔均匀分布,第7个槽距离前一个槽为10°,如图2-36所示。

图2-36　7X曲轴位置传感器的信号盘结构

（2）原理

当发动机转动时,7X曲轴位置传感器的信号盘的齿和凸缘引起通过信号发生器中感应线圈的磁场发生变化,从而在感应线圈里产生交变的电动势,经滤波整形后,即变成脉冲信号,此脉冲信号输入ECU后,ECU用来计算曲轴位置和发动机转速。

（3）检测

① 检测电阻值　关闭点火开关,拔下7X曲轴位置传感器的2芯插头。用万用表电阻挡测量曲轴位置传感器的电阻值,应在800～1000Ω之间。

② 检测脉冲信号　将传感器拆下,用一根铁棒或一块磁铁迅速靠近或者离开传感器,同时用万用表测量两接线柱之间有无脉冲感应电压的产生。如没有感应电压或感应电压很微弱,说明传感器有故障,应更换。

③ 检测线束导通性　关闭点火开关。分别拔下点火控制模块上的3芯插头和7X曲轴位置传感器的2芯插头。用万用表电阻挡测量点火控制模块上3芯插头的A端子与传感器2芯插头的A端子之间的电阻值,如图2-37(a)所示。用万用表电阻挡测量ICM上3芯插头的C端子与传感器2芯插头的B端子之间的电阻值,如图2-37(b)所示。所测阻值均应小于0.5Ω。

(a) 测量A-A端子间的电阻值　　(b) 测量C-B端子间的电阻值

图2-37　检测7X曲轴位置传感器的线束导通性

三、光电式曲轴位置传感器

1. 结构

光电式曲轴位置传感器一般安装在分电器内(无分电器则一般安装在凸轮轴左前部),由带缝隙、光孔的信号盘和信号发生器组成,如图2-38所示。

图2-38 光电式曲轴位置传感器的安装位置

信号盘安装在分电器轴上,和分电器轴一起随曲轴转动,其结构如图2-39所示。它的外围均匀分布着360条缝隙(即透光孔),用于产生1°信号。对于6缸发动机,在信号盘外围稍靠内的圆上,均匀分布着6个间隔60°的透光孔,分别产生120°曲轴转角信号,其中有一个较宽的光孔是用于产生第1缸上止点对应的120°信号缝隙。

信号发生器安装在分电器壳体上,它由两只发光二极管、两只光电二极管和电子电路组成,如图2-40所示。两只发光二极管分别正对着两只光电二极管,信号盘在发光二极管和光电二极管之间。

2. 工作原理

光电式曲轴位置传感器是利用发动机曲轴运转带动分电器轴和信号盘转动,使发光二极管发出的光线通过信号盘上(边缘刻有小孔),产生交替变化的透光和遮光,从而使光电二极管导通与截止产生脉冲电压信号的原理制成的。

图2-39 信号盘的结构

图2-40 信号盘发生器的结构

当信号发生器中的发光二极管的光束通过信号盘的小孔照射到与其正对的光电二极管上时,光电二极管感光导通产生电压信号;当发光二极管的光束被信号盘遮挡时,光电二极管截止,产生的电压为零,如图2-41所示。因为信号盘边缘刻有360个小孔,所以信号盘每旋转一圈将产生360个脉冲电压信号,其中一个脉冲信号代表曲轴2°角转角(分电器转一周曲轴转2周即曲轴转720°),其中一个脉冲信号又由一个高电压信号(光电二极管导通时产生的)和一个零电压信号(光电二极管截止时

图2-41 光电式信号发生器的工作原理

产生的）组成，因此它们便分别代表曲轴1°转角。120°转角产生的原理相同，由小孔里面的6个光孔产生，产生的信号表示活塞位于上止点位置时的曲轴位置。将光电二极管产生的脉冲电压信号经电子电路放大后，便向ECU输入曲轴转角的1°信号和120°信号。由于信号发生器安装位置的关系，120°信号并不是指活塞上止点时曲轴位置，而是在活塞上止点前70°曲轴位置。

3. 连接电路

如图2-42所示是日产千里马轿车曲轴位置传感器与ECU的连接电路。

4. 检测

这里以日产千里马轿车的曲轴位置传感器为例对曲轴位置传感器的检测方法进行介绍，电路图如图2-42所示。

（1）检查电源电压

接通点火开关，测量端子a与地线之间的电压，正常时应为蓄电池电压。如电压正常，应进一步检查输入信号。

（2）检查ECU与传感器之间的导线导通情况

关闭点火开关，拔下传感器接线器，拆下ECU、SMJ接线器，检查ECU接线器49号、59号端子与端子a之间是否导通，正常时应导通，即所测阻值小于1.5Ω。

图2-42 日产千里马轿车曲轴位置传感器与ECU的连接电路

图2-43 霍尔效应原理图

（3）检查输入信号

启动发动机，用万用表或示波器检查ECU端子41、51（120°信号端子）及端子42、52（1°信号端子）的信号。正常时应有脉冲信号，如无脉冲信号或脉冲信号缺损，则需更换传感器。

（4）检查ECU与传感器之间的导线和接线器的导通情况

发动机熄火，拔下传感器和ECU、SMJ的接线器，检查ECU接线器端子41、51与端子b，端子42、52与端子c间是否导通，正常时应导通。若导通正常，则应继续检查曲轴位置传感器，若不通，应修理或更换配线或接线器。

（5）检查搭铁回路

熄火，断开传感器和ECU、SMJ的连接器，检测d端子与搭铁间是否导通，正常时应导通，如不通，则应检测配线或接线器。

四、霍尔式曲轴位置传感器

霍尔式曲轴位置传感器是利用霍尔效应产生与曲轴转角相对应的电压脉冲信号的原理制

成的。曲轴位置传感器分为触发叶片式和触发轮齿式两种。

霍尔效应：指把一块金属或半导体薄片垂直放在磁感应强度为 B 的磁场中，沿着垂直于磁场方向通过电流 I，会在薄片的另一对侧面间产生电动势 U_H，如图 2-43 所示。所产生的电动势称为霍尔电动势，这种薄片（一般为半导体）称为霍尔片或霍尔元件。

1. 触发叶片式霍尔曲轴位置传感器

（1）结构

触发叶片式霍尔曲轴位置传感器主要由触发叶轮、霍尔集成电路、磁轭（导磁钢片）和永久磁铁组成，如图 2-44 所示。而集成电路又由霍尔元件、放大电路、稳压电路、温度补偿电阻、信号变换电路和输出电路组成。触发叶轮安装在转子轴上，随转子轴一起转动，叶轮上制有叶片；当曲轴带动转子轴转动时，触发叶轮随其一起转动，叶片便在霍尔集成电路与永久磁铁之间转动。

图 2-44 触发叶片式霍尔曲轴位置传感器的结构

（2）工作原理

触发叶片式霍尔曲轴位置传感器工作原理如图 2-45 所示。

当曲轴转动并带动转子轴转动时，触发叶轮随转子轴一起转动，触发叶轮的叶片便从霍尔集成电路与永久磁铁之间的气隙中转过。

当叶片进入气隙时，霍尔集成电路中的磁场被叶片旁路，如图 2-45(a) 所示，此时霍尔元件产生的霍尔电压为零，集成电路输出级的三极管截止，传感器输出一个高电平信号电压 U_0。

(a) 叶片进入气隙，磁场被旁路　　　　(b) 叶片离开气隙，磁场饱和

图 2-45 触发叶片式霍尔曲轴位置传感器工作原理

当叶片离开气隙时，永久磁铁的磁通便经过霍尔集成电路和导磁钢片构成回路，如图 2-45(b) 所示，此时霍尔元件产生霍尔电压 U_H，霍尔集成电路输出级的三极管导通，传感器输出一个低电平电压信号 U_0。

ECU 便根据输入的脉冲信号计算出曲轴的转角及活塞上止点位置，从而对发动机的点火和喷油时刻进行控制。

2. 触发轮齿式霍尔曲轴位置传感器

（1）结构

触发轮齿式霍尔曲轴位置传感器一般都是由霍尔信号发生器和信号转子两个基本元件组

成。但在不同车系的触发轮齿式霍尔曲轴位置传感器会略有差别,如图 2-46 所示是大众汽车上的触发轮齿式霍尔曲轴位置传感器。

(2) 工作原理

为了更好地说明触发轮齿式霍尔曲轴位置传感器的工作原理,此处以北京切诺基吉普的触发轮齿式霍尔曲轴位置传感器为例对此种类型的传感器结构原理进行进一步的介绍。

图 2-46 大众汽车上的触发轮齿式霍尔曲轴位置传感器

北京切诺基吉普的触发轮齿式霍尔曲轴位置传感器的结构如图 2-47 所示。4 缸发动机所用的曲轴位置传感器与 6 缸发动机所用的略有差异。

在 2.5L4 缸发动机的飞轮上有 8 个槽,分为两组,4 个槽为一组,两组相隔 180°,每组中的每个槽相隔 20°。在 4.0L6 缸机的飞轮上有 12 个槽,4 个槽为一组,分为 3 组,每组相隔 120°,每组中的每个槽也相隔 20°。

图 2-47 切诺基吉普霍尔曲轴位置传感器的结构

当切诺基吉普飞轮的凹槽（飞轮为信号转子）通过传感器的信号发生器时,霍尔传感器向外输出 5V 高电位;当飞轮凹槽间的金属凸齿与传感器信号发生器成一直线时,霍尔传感器输出 0.3V 低电位。每当飞轮从一个凸齿转到另一个凸齿经过传感器信号发生器时,传感器便产生一个高低电位脉冲信号。当飞轮上的每组齿槽通过传感器信号发生器时,传感器将产生 4 个脉冲信号。4 缸发动机每转一周产生两组脉冲信号,6 缸发动机飞轮每转一周传感器产生三组脉冲信号。ECU 根据传感器输入的脉冲信号即可计算出曲轴的位置及发动机的转速。

与此同时传感器提供的每组脉冲信号可被 ECU 用来确定两缸活塞的位置。例如,在 4 缸发动机上,利用一组脉冲信号,可知 1 缸活塞和 4 缸活塞接近上止点,利用另一组脉冲信号,可知 2 缸活塞和 3 缸活塞接近上止点。同样,在 6 缸发动机上,利用一组脉冲信号,在同一时间内可知 1 与 6,2 与 5,3 与 4 缸活塞接近上止点。由于信号盘与霍尔位置传感器的信号发生器的位置关系,ECU 从接收每一组脉冲信号的第一个脉冲信号的上升沿开始,能确定有两缸的活塞正在向上止点运动,6 缸发动机也一样。由于第 4 个脉冲信号的下降沿与活塞位于上止点前 4°位置相对应,因此,ECU 根据一组脉冲信号的第一个脉冲信号的下降沿,就能确定正在向上止点运动的两个活塞的位置,但不能确定是哪个缸的活塞,也不能对这两个缸的工作行程进行判断,所以还需要一个汽缸判断信号,即还需要一个同步信号发生器。

(3) 连接电路

图 2-48 所示切诺基吉普霍尔曲轴位置传感器与 ECU 的连接电路。

(4) 测量

这里以切诺基吉普霍尔曲轴位置传感器为例介绍霍尔曲轴位置传感器的检测方法。

切诺基吉普霍尔曲轴位置传感器与线束插头为三端子插头,插头上有 A、B、C 三个端子,如图 2-49 所示。A 端子为电源端子,连接 ECU 插座端子 7#;B 端子为信号输出端子,连接 ECU 插座端子 24#;C 端子为搭铁端子,连接 ECU 插座端子 4#,如图 2-48 所示。曲轴位置传感器的检测方法如下。

图 2-48 切诺基吉普霍尔曲轴位置传感器与 ECU 的连接电路

图 2-49 切诺基吉普霍尔曲轴位置传感器接头端子

① 检测传感器电源电压

a. 检测传感器电源电压 点火开关置于"ON",用万用表电压挡测量 ECU 侧 7#端子与 4#端子间的电压,应为 8V,测量传感器接头端子"A"与"C"间的电压,其值也应为 8V,否则为电源线断路或接头接触不良。

b. 检测传感器输出信号电压 用万用表的电压挡对传感器的 A、B、C 三个端子间的电压进行测试。当点火开关置于"ON"时,A-C 端子间的电压值应为 8V;发电机转动时,B-C 端子间的电压值应在 0.3~5V 之间变化,且数值显示应呈脉冲性变化,最高电压为 5V,最低电压为 0.3V。若无脉冲电压或电压值不在此范围内,则应更换曲轴位置传感器。

② 检测传感器端子电阻 点火开关置于"OFF"位置;拔下曲轴位置传感器导线连接器,用万用表电阻挡测量端子 A-B 或 A-C 间的电阻值,此时万用表应显示∞(开路)。若指示有电阻,则应更换曲轴位置传感器。

第四节 凸轮轴位置传感器

一、概述

凸轮轴位置传感器 CMP,又称为凸轮轴转角传感器、相位传感器、同步信号传感器、缸位传感器 CYP、汽缸位置传感器 CIS、汽缸位置传感器(CID),有的车上还称为 1 缸上止点传感器 No.1TDC。

凸轮轴位置传感器的作用主要是检测凸轮轴位置和转角,从而确定第一缸活塞的压缩上止点位置。在启动时，发动机 ECU 根据凸轮轴位置传感器和曲轴位置传感器提供的信号，识别出各个汽缸活塞的位置和冲程，控制燃油喷射顺序和点火顺序，进行准确的喷油和点火控制。

按照工作原理不同，凸轮轴位置传感器可以分为磁电式凸轮轴位置传感器、光电式凸轮轴位置传感器、霍尔式凸轮轴位置传感器、磁阻元件式凸轮轴位置传感器。

二、磁电式凸轮轴位置传感器

1. 结构

丰田 K3-VE 发动机使用的是三销磁电式凸轮轴位置传感器，安装于发动机 1 号进气凸轮轴前端。因为该机型配备可变气门系统，所以凸轮轴位置传感器要进行汽缸识别和检测 VVT-i 提前角的值两项功能。其安装位置与结构见图 2-50。

2. 工作原理

1 号进气凸轮轴上的前端设置有三个正时销，分别代表 60°、180°、180°曲轴转角，根据正时销的输出信号，ECU 进行实际凸轮轴位置的检测和汽缸识别，凸轮轴转动时，正时销与凸轮转角传感器间气隙发生变化，从而改变通过凸轮转角传感器的磁通量，凸轮轴每转动一圈产生 3 个脉冲，输出波形如图 2-51 所示。根据来自曲轴位置传感器信号，1 号凸轮轴相位被检测，根据这个相位，可变气门正时控制器发挥作用。

图 2-50 磁电式凸轮轴位置传感器安装位置

图 2-51 凸轮转角传感器输出波形

3. 连接电路

丰田 K3-VE 发动机凸轮轴位置传感器与 ECU 的连接电路如图 2-52 所示。

4. 检测

（1）电阻检测

冷态时（传感器温度为 -10~50℃）凸轮轴位置传感器电阻为 835~1400Ω，热态时（传感器温度为 50~100℃）凸轮轴位置传感器电阻为 1060~1645Ω。

（2）解码器检查

利用 DS-21 诊断测试仪进行检测，如果凸轮轴位置传感器损坏或相关线路出现故障，会出现故障代码 P0340，或闪码 14，其原因可能有凸轮轴位置传感器故障、凸轮轴位置传感器线路开路或短路，或者 ECU 故障。

（3）示波器检测

连接示波器，其输出波形应与图相同。

图 2-52 凸轮轴位置传感器与 ECU 的连接电路

三、霍尔式凸轮轴位置传感器

1. 触发叶片型霍尔式凸轮轴位置传感器

（1）结构

触发叶片型霍尔式凸轮轴位置传感器安装在发动机进气凸轮的一端，其结构如图 2-53 所示。它主要由霍尔传感器和信号转子组成。它被广泛使用于大众轿车上。

信号转子或叫做触发叶轮，安装在进气凸轮上，用螺栓和座圈固定。信号转子的隔板又叫做叶片，在隔板上有一个窗口，窗口对应产生的信号为低电平信号，隔板对应产生的信号为高电平信号。霍尔传感器主要由集成电路、永久磁铁和导磁片组成。

（2）工作原理

霍尔元件与永磁铁之间有 1mm 的间隙，当信号转子随进气凸轮轴一同转动时，隔板和窗口从集成电路与永磁铁之间的间隙中转过。当信号转子的隔板进入间隙时，霍尔集成电路中的磁场被旁路，霍尔元件上没有磁力线穿过，霍尔电压为零，集成电路输出级三极管截止，传感器输出的信号电压为高电位，约 4.0V；当信号转子的隔板离开间隙时，永磁铁的磁通经导磁片和霍尔元件集成电路构成回路，这时产生的霍尔电压约为 2.0V，集成电路输出级三极管导通，传感器输出的信号电压为 0.1V，为低电位。

发动机工作时，曲轴位置传感器和凸轮轴位置传感器产生的信号不断地输入 ECU。当 ECU 同时接收到曲轴位置传感器大齿缺对应的低电位信号（15°）和凸轮轴位置传感器窗口对应的低电位信号时，可以识别出 1 缸活塞在压缩上止点、4 缸活塞处于排气行程，并根据曲轴位置传感器小齿缺对应输出的信号控制点火提前角。由于凸轮轴位置传感器与曲轴位置传感器同时输出信号，凸轮轴位置传感器信号作为判缸信号，因此凸轮轴位置传感器也称为同步信号传感器。

（3）电路连接

霍尔式凸轮轴位置传感器与 ECU 的连接电路如图 2-54 所示。该传感器 C40 导线连接器有三个接线端子，1 为传感器电源正极端子；2 为传感器信号输出端子；3 为传感器电源负极端子。这三个端子分别与 ECU 的 62、76 和 67 端子相连。

图 2-53 触发叶片型霍尔式凸轮轴位置传感器

图 2-54 霍尔式凸轮轴位置传感器与 ECU 的连接电路

（4）检测

当凸轮轴位置传感器出现故障时，ECU 可以检测到故障信息，使用 VAG1551 或 VAG1552 故障诊断仪可以读取传感器的故障码。故障码显示出凸轮轴位置传感器有故障时，可以用万用表检查传感器电源电压和导线电阻进行故障的判定和排除。

① 检测传感器电源电压　断开点火开关，拔下传感器导线连接器插头，用万用表的正、负表笔分别与连接器1与3端子相连接，接通点火开关时，电压应为4.5V以上。若电压为零，说明线束存在断、短路，或ECU有故障；当断开点火开关后，应继续检查导线是否存在断路或短路。

② 检测导线电阻　用万用表的电阻挡检查传感器的1端子与ECU的62端子、传感器的2端子与ECU的76端子、传感器的3端子与ECU的67端子的电阻值，各导线间电阻值应不大于1.5Ω。若电阻过大或为无穷大，则说明线束接触不良或导线断路，应进行维修或更换线束。

再用万用表电阻挡继续检查传感器连接器端子1与2和3端子间电阻，或检查ECU的62端子与76和67端子间电阻，测得的电阻均应为无穷大。若阻值不是无穷大，则说明导线存在短路，应进行更换。

2. 触发轮齿型霍尔式凸轮轴位置传感器

（1）结构

触发轮齿型霍尔式凸轮轴位置传感器由双轨信号转子轮和霍尔传感器组成，如图2-55所示。

信号转子轮有两条并排轨道，并存在一定的距离。信号转子轮上的轨道1和轨道2交错分布着齿。霍尔传感器内有两个并排霍尔元件，分别是霍尔元件1和霍尔元件2，被称为差分霍尔传感器。轨道1与霍尔元件1对应产生一组信号，同样，轨道2与霍尔元件2对应产生另一组信号。

（2）工作原理

双轨信号转子轮安装在进气凸轮轴的一端，随进气凸轮轴一起转动。发动机工作过程中，当双轨信号转子轮轨道1的齿转到霍尔元件1时，霍尔元件1产生一个高电平信号，霍尔元件2产生一个低电平信号，如图2-56（a）所示。同理，当双轨信号转子轮轨道2的齿转到霍尔元件2时，霍尔元件2产生一个高电平信号，霍尔元件1产生一个低电平信号，如图2-56（b）所示。因为霍尔传感器的两个霍尔元件是总是产生不同的信号。ECU通过比较两个信号，所以ECU能够识别凸轮轴的位置及1缸活塞位置。

图2-55　触发轮齿型霍尔式凸轮轴位置传感器结构

图2-56　触发轮齿型霍尔式凸轮轴位置传感器工作原理

（3）电路

触发轮齿型霍尔式凸轮轴位置传感器与ECU连接电路如图2-57所示。

(4) 检测

触发轮齿型霍尔式凸轮轴位置传感器的检测与霍尔式凸轮轴位置传感器的检测一样，在这里就不再赘述。

四、磁阻元件式凸轮轴位置传感器

磁阻效应是指半导体材料的电阻值随与电流相同或垂直方向的磁场强弱而变化的现象。在一个长方形半导体元件的两端面通电，在无磁场时，电流电极间的电阻值取最小电流分布。当长方形元件处于磁场中时，由于两电极间的电流路径因磁场作用而加长，从而使电极间的电阻值增加。利用磁阻效应，可实现磁和电→电阻的转换。对于非铁磁性物质，外加磁场通常使电阻率增加，即产生正的磁阻效应，见图 2-58。

1. 结构

磁阻元件式凸轮轴位置传感器由信号发生器、磁铁和用树脂封装的信号处理电路的集成电路模块组成，见图 2-59。

图 2-57 触发轮齿型霍尔式凸轮轴位置传感器与 ECU 连接电路

图 2-58 磁阻效应

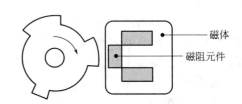

图 2-59 磁阻元件式凸轮轴位置传感器结构

2. 工作原理

当传感器的磁头正对转子凹槽时，磁力线向两侧的叶片分布构成闭合磁路，此时磁阻元件电阻较小，通过磁阻元件的磁力线较少，磁场强度较弱，且磁力线与磁阻元件成一定角度，如图 2-60(a) 所示，此时磁阻元件输出 5V 高电平信号；当磁阻传感器的磁头正对转子叶片时，磁力线通过正对的叶片构成闭合磁路，此时磁阻元件电阻较大，通过磁阻元件的磁力线较多，磁场强度较强，且磁力线与磁阻元件垂直，如图 2-60(b) 所示，此时磁阻元件输出 0V 低电平信号。

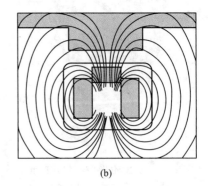

图 2-60 磁阻元件式凸轮轴位置传感器工作原理

随着转子的旋转，叶片的凸起与凹槽交替变化，引起通过磁阻元件的磁力线的强弱和角度发生改变，由于磁阻效应的作用，磁阻元件的电阻也发生变化，通过磁阻元件的电流也随之改变，这种电流的变化由信号放大电路、滤波电路和整形电路转换成二进制数字信号，并传给发动机 ECU。发动机 ECU 根据此信号判别进、排气凸轮轴位置。

3. 连接电路

丰田轿车上的磁阻元件式凸轮轴位置传感器与 ECU 的连接电路如图 2-61 所示。

图 2-61 磁阻元件式凸轮轴位置传感器与 ECU 的连接电路

4. 检测

这里以丰田新皇冠车的磁阻元件式凸轮轴位置传感器检测为例介绍其检测方法。

（1）工作电压的检测

关闭点火开关，断开凸轮轴位置传感器，旋转点火开关至"ON"位置，用万用表检查 VC 端子与 VV− 之间的电压，应为 5V，若没有 5V 电压，应分别检查与 ECU 间线路的连接情况，若线路正常，则发动机 ECU 有故障。

（2）参考电压的检测

关闭点火开关，断开凸轮轴位置传感器，旋转点火开关至"ON"位置，用万用表检查 VV+ 端子与 VV− 之间的电压，应为 4.6V，若没有 4.6V 电压，应检查 VV+ 与 ECU 间线路的连接情况，若线路正常，则发动机 ECU 有故障。

（3）波形检测

在线路正常连接的情况下，使发动机运转，用示波器检测输出信号，其标准波形如图 2-62 所示。

图 2-62 磁阻元件式凸轮轴位置传感器输出标准波形

第五节 液位传感器

一、概述

1. 作用

液位传感器是用来检测各种液体的高度位置，作为仪表指示、警告的输入信号。汽车上的液位传感器主要有发动机机油液位传感器、燃油油位传感器、制动液液位传感器、清洗液液位传感器等。按照传感器的性质类型来分，可以分为模拟量输出型和开关输出型两种。模拟量输出型主要用于仪表指示，主要有浮子式和电热式、电容式等，开关输出型主要用于仪表报警，主要有热敏电阻式、舌簧开关式等。

汽车上使用的液位传感器分模拟输出式和开关输出式两类。模拟输出式液位传感器主要用于检测燃油箱油量，有浮子式、电热式、电容式液位传感器；开关输出式液位传感器用于测量制动液液位、清洗液液位、冷却液液位，在液位减少到一定值时，产生开关接通、闭合转换，这种传感器有热敏电阻式、浮子式和笛簧开关式三种。

2. 安装位置

液位传感器安装于燃油箱（燃油液位传感器）、制动液罐（制动液液位传感器）、洗涤器（洗涤液液位传感器）、散热器储液罐（冷却液液位传感器）、油底壳（机油液位传感器）等处，以测量各种液体的储存量。

二、浮子舌簧开关式液位传感器

1. 结构

浮子舌簧开关式液位传感器由树脂圆管制成的轴和可沿其上下移动的环状浮子组成，如图 2-63 所示。在管状轴内装有舌簧开关（强磁性材料制成的触点），浮子内嵌有永久磁铁。舌簧开关内部是一对很薄的触点，随浮子位置不同触点的闭合或断开，可以判定液量多于规定值还是少于规定值。

2. 工作原理

工作原理如图 2-64 所示。

图 2-63 浮子舌簧开关式液位传感器结构

图 2-64 工作原理

当液位达到规定值时，浮子上升到规定值，没有磁力线穿过舌簧开关内的磁体，在舌簧本身的弹力作用下，舌簧开关的两触点打开，电路断开，报警灯熄灭。同时报警灯不亮表示液位在正常位置，符合要求。浮子舌簧开关式液位传感器的工作原理如图 2-65 所示。

3. 连接电路

浮子舌簧开关式液位传感器用于检测制动液液位时的报警系统电路，如图 2-66 所示。

4. 检测

浮子舌簧开关式液位传感器的常见故障是浮子损坏、舌簧开关弹性丧失不能工作。一般用万用表测量传感器的两接线端子电阻，当浮子上下移动时，确认开关是否随之通断变化。当浮子向下移动时，两端子电阻应为 0Ω，说明导通；当浮子向上移动时，两端子电阻应为 ∞，说明不导通。若不符合这两点要求，则说明液位传感器已损坏，应当更换。

图 2-65　浮子舌簧开关式液位传感器的工作原理

图 2-66　制动液液位报警系统电路

三、浮子可变电阻式液位传感器

1. 结构

浮子可变电阻式液位传感器由浮子、内装滑动电阻的电位器以及连接浮子和电位器的浮子臂组成，其结构如图 2-67 所示。这种液位传感器的浮子可以随液位上、下移动，通过浮子的移动带动与其相连的浮子臂在滑动电阻上滑动，从而改变搭铁与浮子间的电阻值，即改变回路的电阻值。从而控制回路中的电流大小，在仪表上显示液位高低。

2. 工作原理

这里以汽车汽油油量表所使用的浮子可变电阻式液位传感器为例介绍浮子可变电阻式液位传感器的工作原理，如图 2-68 所示。仪表与浮子可变电阻式液位传感器串联，当油箱满时，浮子升到最高位置，滑动臂滑向低电阻方向，此时通过回路中的电流增大，使双金属片弯曲增大，指针指向 F 侧；当油箱内油量较少时，浮子降到较低的位置，滑动臂滑向高电

图 2-67 浮子可变电阻式液位传感器的结构

图 2-68 浮子可变电阻式液位传感器在汽油表中的应用

阻方向，汽油表电路中的电流减小，仪表内双金属片稍有弯曲，指针指向 E 侧。

3. 检测

浮子可变电阻式液位传感器的检测方法如图 2-69 所示。用万用表测量浮子在不同位置，即测量传感器连接器插头 1、3 端子间的电阻。当 E 处电阻值大于 F 处电阻值，且从 E 到 F 的变化过程中电阻值连续变化时，说明传感器性能良好。

四、热敏电阻式液位传感器

1. 结构

热敏电阻式液位传感器用负温度系数的热敏电阻制成，它一般用在燃油报警系统中，如图 2-70 所示。

2. 工作原理

当点火开关在"NO"位置时，回路接通，热敏电阻上有电流通过，在电流的作用下，热敏电阻本身会发热。当燃油液面较高时，因为热敏电阻置于汽油中，热敏电阻被燃油冷却，所以热敏电阻的温度不会升高；反之，当汽油量减少时，热敏电阻会慢慢暴露在空气中，其热量难以散发，所以热敏电阻的阻值会降低（它是负温度系数的热敏电阻）。当热敏电阻的阻值下降到一定值时，线路中流过的电流增大到可以使继电器触点闭合，从而使低油面报警灯发亮报警，如图2-71所示。

驾驶员根据指示灯的亮、灭可以知道燃油量的多少。

图 2-69　浮子可变电阻式液位传感器的检测

图 2-70　热敏电阻式燃油报警回路

(a) 燃油较多

(b) 燃油不足

图 2-71　热敏电阻式燃油液位传感器

3. 检测

热敏电阻式液位传感器的检测方法如下。

（1）测量电阻

从上至下改变浮筒位置，检测燃油端子与搭铁端子间的电阻，其电阻值应符合标准规定值（见表2-7）。

表 2-7　标准规定值

浮筒的位置/mm	电阻值/Ω
F	29.05 ± 3	3 ± 2.1
1/2	80.55 ± 3	32.5 ± 4.8
E	136.05 ± 3	110 ± 7.7

（2）检查报警灯

从燃油表上拔下连接插头，打开点火开关，把报警灯一端搭铁，这时指示灯应点亮。

（3）检查报警开关

取出燃油油量表的外壳，然后在报警端与搭铁端连接一个 12V、3W 的小灯泡作报警灯，当接上蓄电池时，如图 2-72(a) 所示，报警灯应当亮。当将液位传感器放入水中时，如图 2-72(b) 所示，报警灯应该熄灭。

图 2-72　热敏电阻式燃油液位传感器的检测

五、电容式液位传感器

电容式液位传感器常用作燃油、机油和冷却液液位的测量。将电容式传感器放入燃油或冷却液中，随着燃油或冷却液液面高度 h 发生变化，引起电容电极间的电介质的不同并使电容变化，电容的变化引起了振荡周期的变化，通过计算振动频率，就能获知液面状态，如图 2-73 所示。

机油状态传感器是随时监控机油液位、机油品质、机油温度的传感器。下面以大众机油状态传感器为例，说明其构造和检测方法。

1. 结构

机油状态传感器 G_1，安装于发动机油底壳上，该传感器由两个重叠安装的筒形电容器组成，如图 2-74 所示。

图 2-73　电容式液位传感器的构造示意图

2. 工作原理

由图 2-74 可知，两根金属管作为电容器电极嵌套安装在电极之间，发动机机油作为电介质。机油状态通过下面的传感器测得，作为电介质的机油因磨损碎屑不断增加以及添加剂的分解而使介电常数发生变化，相应的电容值将在传感器内的电子装置中被处理成数字信号，并作为发动机机油状态信息被传送给仪表电脑。机油液位传感器在状态传感器的上部，它测量机油液位这一部分的电容值，该电容值会随着机油液位的变化而发生变化，并将由传感器电子装置处理成数字信号再传送到仪表电脑。在机油状态传感器的底座上装有一个铂温度传感器，该传感器检测机油温度，并将检测到的温度信号传送到仪表电脑，再输出到机油温度表显示。只要在输出信号端连续测量，即可测得机油液位、温度和发动机机油状态信号的变化。

3. 检测

机油状态传感器 G_1 是一个三线式数字信号传感器，电路连接如图 2-75 所示。

第二章　位置（行程和角度）传感器

图 2-74　构造原理示意图

图 2-75　向 HV 蓄电池充电过程

（1）检测供给电源电压

用数字式万用表对传感器 1 号端子进行工作电压检测。用数字万用表直流 20V 挡检测机油状态传感器 1 号端子，点火开关打开时，其电源端电压应是蓄电池电压。

（2）检测搭铁线

检测 2 号线与搭铁间电阻，正常值应为 0Ω，否则说明搭铁不正常。

（3）检测信号线参考电压

检测 3 号线信号电压应在 9.8~10.5V 范围内。在急速时测量电压值应基本不变化。

（4）查询故障码

使用 VAG1551 可以查询故障代码，若机油液位传感器本身或线路出现问题，会出现故障代码 00562。

（5）波形检测

运用示波器对机油状态传感器输出端的信号进行波形分析，可以进一步确定该传感器信号特征。该信号是一个脉冲矩形方波信号。机油状态传感器波形如图 2-76 所示。

图 2-76　机油状态传感器波形

六、半导体型液位传感器

1. 连接电路

别克 G/GL/GS 系列轿车的传感器使用半导体型发动机冷却液液位传感器，其电路连接如图 2-77 所示。

2. 工作原理

别克 G/GL/GS 系列轿车的传感器使用半导体型发动机冷却液液位传感器电路工作原理

图 2-77 别克 G/GL/GS 系列轿车的半导体型发动机冷却液液位传感器

见图 2-77。

当点火钥匙在"RUN"位置时,水位传感器的 B 端有蓄电池电压供给,传感器电极浸入发动机冷却液中,而发动机冷却液作为电介质被传感器电路视为电阻发动机冷却液液位传感器的内部电路类似于三极管的工作原理,水位传感器的 B 端"+"电压不仅是发动机冷却液液位警告灯电路的一部分,同时也是水位传感器的内部电路的工作电压,C 端为搭铁端。

当发动机冷却液液位正常时,发动机冷却液导电能力相对较强,电阻较小,根据分压原理,基极电位(A 点电位)较低,三极管截止,水位传感器的内部电路将使 C 端处于开路状态,则液位警告灯不亮。反之,当发动机冷却液液位较低时,发动机冷却液电阻较大,根据分压原理,A 点电位较高,三极管导通,水位传感器的内部电路使水位传感器的 B 端和 C 端导通,则液位警告灯点亮。

3. 检测

(1) 测量电压

检测时,关闭点火开关,断开水位传感器接头,打开点火开关,首先检测 B 端是否有蓄电池电压,检查 C 端搭铁是否正常。如果不正常,应检查线路。

(2) 测量电阻

检查发动机冷却液液位传感器 3 端与 1 端的线路是否有短路现象。用万用表电阻挡测量,传感器的 B、C 端之间的电阻,在水位正常的情况下,传感器本体的 B、C 间不应导通,电阻为无穷大。拔出水位传感器,则 B、C 间应导通,电阻为零,检测时应注意表笔的正负极不要接反。

(3) 检查线路

在发动机冷却液液位正常的情况下,发动机液位警告灯依旧点亮,此时应检查液位警告灯至液位传感器 B 端的线路是否有短路现象。

七、电极式液位传感器

1. 结构

电极式液位传感器主要由装在蓄电池盖板上作为电极的铅棒构成,如图 2-78 所示。

2. 工作原理

当把传感器的电极置于蓄电池电槽中时,在该电槽中具有与蓄电池阴极板相同的作用,该电极也将产生电动势。如使其电极长度与规定液面位置下限处吻合,则实际液面高于该位置时,铅棒起电极作用,它浸在蓄电池液中,作为正电极的铅棒与蓄电池负极将产生电压和电动势。低于该位置不产生电动势。因此电极式液面高度传感器在蓄电池液量正常时可产生电压信号,异常时不产生电压信号。

当蓄电池液位正常符合规定要求时,如图 2-79

图 2-78 电极式液位传感器的构造

所示，传感器即铅棒浸入蓄电池液中产生电动势，晶体管 VT_1 处于导通状态。蓄电池电流按图中箭头方向从正极经过点火开关、晶体管 VT_1 流向蓄电池负极。由于 A 点电位接近于零，晶体管 VT_2 处于截断状态，报警灯不亮。

当蓄电池液量不足时，由于此时传感器未浸入蓄电池液中，不能产生电动势，晶体管 VT_1 处于 OFF 状态。同时，又由于 A 点电位升高，VT_2 得到正偏压而导通电流按箭头方向流过晶体管 VT_2 基极，从而使 VT_2 处于 ON 状态，报警灯亮，警告驾驶者蓄电池液量不足，如图 2-80 所示。

图 2-79 蓄电池液面正常时电路

图 2-80 蓄电池液面不足时电路

3. 检测

电极式液位传感器由于是利用电极产生电动势来对液面进行监控，因此，若蓄电池液面报警灯点亮，首先检查蓄电池液面，若液面正常，可以用下述方法检测传感器：拔掉传感器单线插头，将通向控制电路的线束侧接头与蓄电池正极直接相连，如果蓄电池液面报警灯熄灭，说明传感器故障。

第六节 方向盘转角传感器

一、概述

1. 方向盘转角传感器作用

方向盘转角传感器主要用于车辆稳定控制系统、电子助力转向系统和电子悬挂系统中，用于检测转向盘的中间位置、转动方向、转动角度和转动速度等转向信息，从而使相关控制单元实施不同的控制策略。

2. 方向盘转角传感器安装位置

早期的方向盘转角传感器主要安装在转向轴管上来检测转向轴的旋转角度，现今的方向盘转角传感器，一般与时钟弹簧集成安装。

方向盘转角传感器主要有光电式、滑动电阻式、磁感应式、霍尔式、各向异性磁阻式，应用最广泛的是光电式转向盘转角传感器。

二、光电式方向盘转角传感器

1. 结构

光电式方向盘转角传感器的角度的测量是通过光栅原理来实现的。它由光源、编码盘、光学传感器和计数器组成,结构如图2-81所示。编码盘由两个环构成,一个是绝对环,一个是增量环。每个环由两个传感器进行扫描。

图2-81 光电式方向盘转角传感器结构

2. 工作原理

当光源被遮住,传感器输出电压为"0"V,如图2-82(a)所示;当光透过缝隙照到传感器上,传感器输出电压为"1"V,如图2-82(b)所示。

图2-82 传感器信号输出

如果移动蔽光框,就会产生两个不同的电压,如图2-83所示。增量传感器传送一个均匀的信号,这是因为间隙是均匀分布的;绝对传感器传送一个不均匀信号,这是因为间隙是不均匀分布的。系统通过对比这两个信号,就可计算出蔽光框移动的距离,于是就确定了绝对部件运动的起始点。

图2-83 光电式方向盘转角传感器工作原理

三、滑动电阻式方向盘转角传感器

滑动电阻式方向盘转角传感器与线性节气门位置传感器工作原理相同,在电阻器的两端供给5V直流电压,一个滑动接触点随着方向盘的转动在电阻器两端内运动,方向盘转动到两个端点位置时,滑动接触点刚好运动到电阻器两端。测量接触点和电阻器一端的电压即可求得方向盘的绝对转角位置。

还有的方向盘转角传感器采用双滑动电阻的两路输出电压信号,传感器由两个相差90°精密电位滑环组成,除了用于判断方向盘的旋转方向外,这两路输出电压信号还可相互补充，实现出错诊断。

由于电阻分压式绝对值转角传感器是接触式传感器，在滑动触点和电阻器的相互运动过程中，二者会产生磨损，影响了传感器的使用寿命。

滑动电阻式方向盘转角传感器的检测方法可以参考节气门位置传感器的检测方法。

四、磁感应式方向盘转角传感器

磁感应式方向盘转角传感器由齿盘、永久磁铁、两个感应线圈及信号处理电路等组成，如图 2-84 所示。

当齿盘随转向轴转动时，感应线圈就会产生交变的感应电动势，经信号处理电路放大、整流及整形后输出。控制器根据传感器输入的信号脉冲个数就可确定方向盘的转角，设置两个感应线圈的目的同样是为了控制器判断左右转向的需要。

磁感应式方向盘转角传感器可以用测量电阻的方法来检测。

图 2-84　磁感应式方向盘转角传感器的原理

五、霍尔式方向盘转角传感器

东风标致 307 使用了霍尔式方向盘转角传感器，霍尔式方向盘转角传感器是利用遮蔽转盘旋转时遮蔽或通过磁场，使霍尔元件产生或不产生霍尔电压的办法来计量转向角度的大小，其原理与使用遮蔽板的霍尔式曲轴位置传感器相似，其结构如图 2-85 所示。方向盘转角传感器插接器有四个端子：一个为 12V 供电端子，一个为搭铁端子，另两个端子分别是方向盘转动信号 S_1 和 S_2 的信号端子。

图 2-85　霍尔式方向盘转角传感器的结构

方向盘角度信息以两个方波信号（如图 2-86 所示）传给助力转向 GEP 控制单元，GEP 控制单元通过这两个信号确定方向盘转动的速度和方向。两个霍尔式传感器从相位上错开 90°±30°，能够确定方向盘的旋转方向，转向时，控制器可根据 S_1 信号和 S_2 信号的相对位置确定旋转方向，其检测方法也可参照光电式方向盘转角传感器来进行。

图 2-86 输出脉冲信号图

六、各向异性磁阻式转向盘转角传感器

磁性薄膜在平行于膜面的外磁场作用下达到饱和磁化时,薄膜的电阻率将随外磁场方向和电流方向的变化而变化,这种效应就是各向异性磁阻(Anisotropic Magneto Resistance,AMR)效应。

1. 结构

别克荣御 ESP 系统中使用了各向异性磁阻式方向盘转角传感器,方向盘转角传感器位于方向盘下面,其内部结构如图 2-87 所示。

图 2-87 方向盘转角传感器的构造

2. 工作原理

当驾驶员转动方向盘时,由键与方向盘连接的齿轮带动两个中心部分的磁铁的测敏齿轮转动。磁铁上方 AMR 传感器的电阻随着测量齿轮的转动而改变,电阻的变化反映了测量齿轮的位置,进而反映了方向盘角度的变化,即能产生一个可表示±760°方向盘旋转角度的输出信号。传感器的模拟输出信号通过一个 A/D 转换器输入到微处理器中,结合两个测量齿轮转动后的位置可以求出总的转动角度。由于两个测量齿轮的齿数不同,它们的转动速度也不同,故产生不同相位的两个转角信号,电子控制单元利用这个信息计算出驾驶员所要求的方向。

这种传感器的一个特点是在发动机点火时刻就可以立即得到方向盘绝对转角位置,无需

利用算法推断。传感器信号通过 CAN 总线输出。传感器框图如图 2-88 所示。

图 2-88 各向异性磁阻式方向盘转角传感器框图

3. 连接电路

别克荣御方向盘转角传感器的线路连接和各端子功用见图 2-89。根据电路图 2-89，可以进行如下检测。

图 2-89 方向盘转角传感器的线路连接和各端子功用

4. 检测

根据图 2-89，可以进行如下检测。

（1）检测供电电压

关闭点火开关，脱开传感器插头，再将点火开关置于"ON"，使用万用表测量 5 与 6 端电压，应该为 12V，否则应检查线路。

（2）解码器读取故障码

由于传感器信号通过 CAN 总线输出，因此通过解码器的自诊断检测是比较准确和快捷的方法。方向盘转角传感器出现故障，则会显示故障代码 C0460。

（3）校准方向盘转角传感器

电子控制单元监测并判断方向盘转角传感器的输出信号，当车辆沿直线行驶了 15min 或以上时，电子控制单元将该行驶方向设定为正前方向。可使用 Tech2 进行方向盘转角传感器校准，初始化传感器的具体操作步骤是：

① 将方向盘置于车辆笔直向前的正中位置；

② 将 Tech2 连接到车辆上，并执行"Tech2 方向盘转角传感器校准程序"即可。

第七节 油门踏板位置传感器

一、概述

1. 加速踏板位置传感器的作用

加速踏板位置传感器，又称为油门踏板位置传感器，简称 APP（Accelerator Pedal

Position Sensor）。它是随着智能电子节气门、柴油共轨系统而出现的一种新的位置检测装置。其功用是将驾驶员踩下油门的速度和移动量转换成电子信号输入发动机 ECU，ECU 根据此信号进行期望扭矩需求计算，结合其他运行条件，控制节气门伺服电机进行节气门开度的非线性调节。

2. 加速踏板位置传感器的安装位置

加速踏板位置传感器一般安装在加速踏板总成上，见图 2-90。

加速踏板位置传感器常见的有三种，一种是电位计式加速踏板传感器，另一种是线性双霍尔式加速踏板传感器，第三种是电磁感应式加速踏板位置传感器。

二、电位计式加速踏板位置传感器

1. 结构

三菱 V73 发动机的加速踏板位置传感器为双电位计式传感器，其结构如图 2-91 所示。

图 2-90 加速踏板位置传感器的安装位置

图 2-91 加速踏板位置传感器为双电位计式传感器

2. 工作原理

两个电位器输出信号为同相，当电子加速踏板位置发生变化时，其电阻同时线性增加或减小。传感器由计算机供 5V 参考电压，这样就能将电阻值变化转变为电压输出信号。

3. 连接电路

加速踏板位置传感器与 ECU 的电路连接如图 2-92 所示。

图 2-92 加速踏板位置传感器的线路连接

4. 检测

根据图 2-92，可以进行以下测量。

（1）测量电压

关闭点火开关，断开加速踏板位置传感器，打开点火开关，用万用表电压挡检测线束侧 2 与搭铁间电压、8 与搭铁间电压，应在 4.9～5.1V 范围内，4 与搭铁间电压应在 4V 以上。

（2）测量电阻

关闭点火开关，断开加速踏板位置传感器，用万用表电阻挡测量元件侧，端子间电阻值应符合表 2-8 规定。

表 2-8　标准电阻值

端子		电阻值
1-2		3.5～6.5kΩ
7-8		
2-3		将加速踏板由怠速位置直至完全压下，其电阻值应随加速踏板的下压而平稳光滑地变化
6-8		
5 与搭铁间电阻		2Ω 以下
4-5	放松加速踏板	0
	压下加速踏板	∞

（3）输出信号初始值检测

关闭点火开关，连接加速踏板位置传感器，打开点火开关，用万用表电压挡检测线束侧 3 与搭铁、6 与搭铁间电压，其值应在 0.905～1.165V 之间。

三、双霍尔式加速踏板位置传感器

1. 结构

丰田 2010 年款凯美瑞（混合动力版）使用的双霍尔式加速踏板传感器，其结构见图 2-93。

图 2-93　双霍尔式加速踏板传感器

2. 工作原理

双霍尔式加速踏板传感器与前述双霍尔式节气门位置传感器工作原理相同，其工作原理如图 2-94 所示。

图 2-94 工作原理

图 2-95 输出特性

双霍尔式加速踏板传感器单元有两个传感器。一个用于检测加速踏板位置,另一个用作确认,以允许传感器检测自身的故障。从加速踏板位置传感器将电压输出至混合动力车辆控制 ECU 的端子 VPA1 和 VPA2,输出特性如图 2-95 所示。该电压根据加速踏板位置在 0 到 5V 之间变化。端子 VPA2 主要用于检测传感器自身的故障。混合动力车辆控制 ECU 判定当前加速踏板位置,并根据从端子 VPA1 和 VPA2 接收到的信号控制混合动力控制系统。

3. 连接电路

丰田 2010 年款凯美瑞（混合动力版）使用的双霍尔式加速踏板传感器与 ECU 连接电路如图 2-96 所示。

图 2-96 双霍尔式加速踏板传感器与 ECU 连接电路

4. 检测

（1）测量电压

① 断开加速踏板拉杆连接器 A17,如图 2-97 所示。

② 将点火开关置于 ON（IG）位置。

③ 根据表 2-9 中的值测量电压。

表 2-9 标准电压

端子	电压
VCP1(A17-4)-EP1(A17-5)	4.5~5.5V
VCP2(A17-1)-EP2(A17-2)	4.5~5.5V

（2）测量电阻

① 断开加速踏板拉杆连接器 A17，如图 2-97 所示。

图 2-97 加速踏板拉杆连接器

② 将点火开关置于 OFF 位置。
③ 根据表 2-10 中的值测量电阻。

表 2-10 标准电阻

端子	电阻
VPA1(A17-6)-EP1(A17-5)	37~41kΩ
VPA2(A17-3)-EP2(A17-2)	37~41kΩ

（3）诊断仪读取数据流

① 将点火开关置于 ON（IG）位置。
② 连接诊断仪，选择以下菜单项：Powertrain/Hybrid Control/Data List/Accel Pedal Pos #1，Accel Pedal Pos #2。
③ 读取数据流，标准数据见表 2-11。
说明：在检测仪上将 5V 描述为 100%。

表 2-11 标准数据

踏板状态	Accel Pedal Pos 1#	Accel Pedal Pos 2#
未踩下	(8%~28%)0.4~1.4V	(20%~44%)1.0~2.2V
完全踩下	(62%~92%)3.1~4.6V	(78%~100%)3.9~5.0V
未踩下→完全踩下→未踩下（应缓慢操作加速踏板）	值逐步改变	值逐步改变

四、电磁感应式加速踏板位置传感器

在大众的某些柴油车上使用的是电磁感应式加速踏板位置传感器。油门踏板模块包括油门踏板、踏板限位块、用于转换移动方向的机械部件和两个油门踏板位置传感器，具体结构如图 2-98 所示。

这些传感器是印刷电路板的一部分，分别由一个励磁线圈、三个接收线圈以及一个控制电子装置和一个分析电子装置组成。为安全起见两个传感器彼此独立工作。

油门踏板模块的机械部件将油门踏板的杠杆运动转换为金属片直线移动。当驾驶员踩下油门踏板时，金属片沿直线移动（靠近印刷电路板），如图 2-99 所示。

图 2-98　加速踏板拉杆连接器

(a) 油门踏板未踩下　　　(b) 油门踏板已踩下

图 2-99　油门踏板模块的机械运动

发动机控制单元提供 5V 的电压给踏板电子装置产生高频交流电压，以便励磁线圈上形成交变电磁场，如图 2-100 所示。这个交变电磁场作用在移动的金属片上。此时围绕该金属

(a) 油门踏板未踩下　　　(b) 油门踏板已踩下

图 2-100　传感器内的电子元件工作原理

片形成另一个交变电磁场。这个取决于位置的交变场作用在接收线圈上，并在此以感应方式形成相应的交流信号。

交流感应电压的高低主要取决于金属片的位置。位置不同，金属片与接收线圈之间的重叠程度不同。处于怠速位置时重叠程度最小，因此交流感应电压也最小。处于满负荷位置或自动变速箱的强制降挡位置时重叠程度最大，因此交流感应电压也最大。

电磁感应式加速踏板位置传感器输出特性如图 2-101 所示。

图 2-101　电磁感应式加速踏板位置传感器输出特性

第八节 光电式转角传感器

一、概述

1. 光电式转角传感器的作用

光电式转角传感器用于检测转向盘的中间位置、转动方向、转动角度和转动速度，即转向轮的偏转方向和偏转角度，并将所检测的信号输入给电子控制悬架系统 ECU，使电子悬架控制装置 ECU 根据转角传感器输入的信号和车速传感器输入的车速信号，判断汽车转向时侧向力的大小，对车身的侧倾进行控制。

2. 光电式车高传感器的安装位置

光电式转角传感器一般安装在转向轴管上，如图 2-102 所示。

图 2-102　光电式转角传感器的安装位置　　　图 2-103　光电式转角传感器的结构

二、结构

光电式转角传感器应用在汽车的电子控制悬架系统中,其结构如图 2-103 所示。转向圆盘(遮光盘)安装在转向轴上,圆盘的圆周上均匀地开有很多小槽,圆盘随着转向主轴的旋转而旋转。加在圆盘两侧的是两组光电元件(发光二极管和光敏三极管),光电元件套在转向柱管上。

三、工作原理

光电式转角传感器的工作原理如图 2-104 所示。

图 2-104 光电式转角传感器的工作原理

光电式转角传感器的工作原理是利用带有槽的转向圆盘的转动,使圆盘一侧的发光二极管发出的光线透过圆盘的小槽或被圆盘挡住,从而使圆盘另一侧的光敏三极管导通与截止,进而使电路导通与截止,产生 ON 或 OFF 电压信号。转角传感器根据光敏三极管的导通、截止速度,检测出转向器的速度,根据检测到的脉冲信号的相位差来判断转向盘的转动方向。光电式转角传感器的电路如图 2-105 所示。

图 2-105 光电式转角传感器的电路　　图 2-106 光电耦合元件输出端的动作状态

由图 2-106 可知,光敏三极管在遮光盘的作用下,或者导通,产生 ON 信号,或者截止,产生 OFF 信号,根据光敏三极管的导通、截止速度,则可以检测出转向器的速度。在设计时使两个光电耦合元件(晶体管 Tr_1 和 Tr_2)之间的导通与截止的相位差定位在 90°,根据先导通的脉冲信号(波形下降)可以检测出转向器的旋转方向。如当汽车直线行驶时,信号 A 处于 OFF 状态(高电位)的中间位置。转向时,根据信号 A 下降沿处于信号 B 的状态,即可判断出转向的方向。信号 A 由 OFF 状态变为 ON 状态(低电位)时,如果信号 B 为 ON 状态,则为左转向;如果信号 B 为 OFF 状态,则为右转向,如图 2-106 所示。

四、检测

在此以凌志 LS400 轿车用的光电式转角传感器为例介绍此类型传感器的检测方法。

1. 检测输出信号

打开点火开关，用跨接线 SST 连接诊断连接器上的 TS 与 E_1 端子，如图 2-107(a) 所示，转动方向盘，若转角小于 45°，仪表板上的 NORM 灯亮，说明转向信号输出正常。

(a) 诊断TS与E_1端子　　(b) 测量SS_1、SS_2端子与搭铁间的电压　　(c) 测量1#端子和2#端子间的电压

图 2-107　光电式转角传感器的检测

转角传感器信号是否输入悬架 ECU 的检查方法是：打开点火开关，慢慢转动方向盘，如图 2-107(b) 所示，在转动的同时分别用万用表测量 ECU 的 SS_1、SS_2 端子与搭铁间的电压，应为 0～5V，否则说明转角传感器信号未输入悬架 ECU 或转角传感器信号出现故障。

2. 转角传感器输入信号故障的诊断与排除

（1）诊断方法

拆下传感器连接器，打开点火开关，测量连接器 1#端子和 2#端子间的电压，如图 2-107(c)所示，正常值应为蓄电池电压，否则应检查悬架 ECU 的 IG 熔断器是否良好，转角传感器与熔断器盒之间的连线是否存在断、短路。

（2）排除方法

拆下传感器连接器，在转角传感器 1 号、2 号端子间施加蓄电池电压，在慢慢转动方向盘时，用万用表测量传感器的 10#、11# 与 2# 端子间的电阻，应符合标准值的大小，否则说明转角传感器有故障，应当更换。

第九节　EGR阀位置传感器

一、概述

1. EGR 阀位置传感器的作用

废气再循环（EGR）系统按照是否设置有反馈监测元件，废气再循环系统可以分为开环控制 EGR 系统与闭环控制 EGR 系统。闭环控制 EGR 系统与开环控制 EGR 系统相比，只是在 EGR 阀上增设了一个 EGR 阀位置传感器作为反馈信号，用以监测 EGR 阀开度的大小，使 EGR 率保持在最佳值。EGR 阀位置传感器检测 EGR 阀阀杆的上下移动位置，发动机 ECU 以此确定阀门开度的大小。

2. EGR 阀位置传感器的安装位置

EGR 阀位置传感器安装 EGR 阀的上部。

二、结构

EGR 阀位置传感器结构如图 2-108 所示,EGR 阀阀针与电位计的滑动触点臂相连,占空比控制的 EGR 阀随着占空比的变化,控制的真空吸力也不同,引起 EGR 阀阀门开启的大小也不一样,阀杆上升的位移也不同。

图 2-108　EGR 阀位置传感器结构

三、工作原理

EGR 阀阀杆上升,推动与之相连的滑动触点臂的位置发生变化,从而使滑动触点在滑动电阻上滑动,产生不同的电压信号,这个信号会传递到发动机控制 ECU,发动机控制 ECU 以此监视 EGR 阀的位置,确保阀门对 ECU 的指令作出正确的响应,从而调整和修正开启 EGR 阀开启时刻和占空比,精确控制再循环量的大小,以减小排放、改善性能。本田、别克、丰田等的某些车型都安装有 EGR 阀位置传感器。

四、连接电路

这里以上海别克废气再循环系统 EGR 阀位置传感器为例,介绍其电路连接,如图 2-109 所示。

图 2-109　上海别克废气再循环系统 EGR 阀位置传感器的电路连接

别克废气再循环系统的废气再循环真空控制电磁阀和废气再循环 EGR 位置传感器共用一个 5 针插头，灰色连接的端子 A、白色连接的端子 E 分别和发动机控制单元 PCM 连接，采用正极驱动器和 PCM 中的搭铁电路控制，用于废气再循环真空控制电磁阀的驱动，另外 3 条为电位计式的废气再循环 EGR 位置传感器所使用，它能够监视 EGR 阀的位置，确保阀门对 PCM 的指令作出正确的响应。电位计的 D 端子为 5V 参考电源、B 端子为搭铁端子、C 端子为信号输出端子。

五、检测

这里以上海别克废气再循环系统 EGR 阀位置传感器为例介绍，其电路连接如图 2-109 所示。

1. 测量电阻

关闭点火开关，拔掉 EGR 阀位置传感器线束插头，对传感器本体进行电阻测量：插座端子"B"，与"D"之间的电阻应为 4.92kΩ；插座端子"B"与"C"之间的电阻应随 EGR 阀开度的变化而变化。

2. 测量外部电压和信号电压

打开点火开关至"ON"位置，断开 EGR 阀位置传感器线束插头，用数字万用表电压挡检查 D 端子与搭铁端电压，应有 5V 参考电压，检查 B 端子与搭铁端电压，应为 0V。连接 EGR 阀位置传感器线束插头，测量 C 端子信号电压，在 EGR 阀全关时为 0.14～1.0V，用手动打开 EGR 阀，其信号电压随着 EGR 阀开度的变化而变化，全开时为 4.5～4.8V。如果测量结果不符合要求，则应更换 EGR 阀。

3. 解码器检测

连接解码器读取故障码，如果废气再循环系统 EGR 阀位置传感器有故障，可能会出现下述故障码：

（1）P0403：EGR 阀控制线路故障

如果电路功能失效，驱动器向 PCM 发送信号，设置 DTCP0403（EGR 电磁阀控制电路不良）故障码。

（2）P0404：EGR 阀打开位置不正确

在 EGR 阀打开时，PCM 将真实的 EGR 位置与要求的位置比较，如果真实位置小于要求位置 15%，将设置 DTC P0404（EGR 打开位置性能）的故障码。造成此故障一般为 EGR 枢轴或轴座积炭过多引起。

（3）P0405：EGR 阀位置传感器信号电压低

如果 PCM 检测到 EGR 阀位置传感器反馈的电压低于 0.14V，将设置 DTC P0405（EGR 位置传感器电压过低）的故障码。

（4）P1404：EGR 阀关闭不严

如果 PCM 指令 EGR 阀关闭时真实的 EGR 位置仍指示 EGR 阀处于打开的位置，将设置 DTC P1404（EGR 阀卡滞）的故障码。

4. 检查输出波形

将示波器信号测量线探针插入传感器信号线中，启动发动机并加速，观察波形变化情况，如图 2-110 所示。当 EGR 阀打开时波形上升，这时废气排放；当 EGR 阀关闭时，波形下降，此时限制废气排出。汽车怠速时，EGR 阀是关闭的，不需要废气再循环；汽车正常加速时，EGR 阀开大；汽车减速时，EGR 阀也是关闭的。

图 2-110　EGR 阀位置传感器输出波形

第十节　超声波距离传感器

一、概述

1. 超声波传感器的作用

超声波传感器用于查明汽车与障碍物间的距离和为监控汽车在停车、驶出和调车时的周围空间。车辆可依据它们测定的角度，利用三角几何关系就能确定汽车与障碍物间的距离和角度，检测的距离范围约为 0.25～1.5m。

2. 超声波传感器的安装位置

超声波传感器一般安装在汽车尾部和前部，如图 2-111 所示。

（a）车辆前部　　　　　　　　　　　（b）车辆尾部

图 2-111　超声波传感器的安装位置

二、结构

传感器由带组合插头的塑料壳体、超声波转换器（铅膜）、在转换器内侧贴的压电晶片、带有传感器和求值电路的印刷电路板组成，如图 2-112 所示。

三、工作原理

超声波传感器是按声波-回声的三角几何原理工作的。超声波传感器接收来自控制单元的发送脉冲。用共振频率约为 $300\mu s$ 的矩形脉冲激励铝膜振动和发送超声波，从障碍物反射回来的回波再次使在超声波往返中间暂时静止下来的铝膜振动（在衰减期约 $900\mu s$ 时不能接收）。振动由作为模拟电信号发送器的压电陶瓷晶片发送，并由传感器放大，再转换成数字信号（图 2-113）。传感器对控制单元有优先权。检测的回声信号在"Low"时，即低于 0.5V 时，超声波传感器接通信号插头。如果在导线上有回声信号，就不会处理发送信号。在信号线上的开关阀值低于 1.5V，控制单元激发传感器以发送信号。

图 2-112　超声波传感器剖面　　　　图 2-113　超声波传感器方框图

为使检测范围尽可能大，在水平范围的检测角要大些，而在垂直范围则不需要大的检测角，以免地面反射波引起的干扰。

四、连接电路

以现代伊兰特倒车雷达系统为例，介绍倒车雷达系统线路图，如图 2-114 所示。

图 2-114　现代伊兰特倒车雷达系统线路图

五、检测

以现代伊兰特倒车雷达系统为例，说明其检测方法，系统电路图如图 2-114 所示。

（1）电源检测

打开点火开关，断开传感器接头，将车辆挂入倒挡，用万用表的电压挡测量控制模块侧的 1 脚与 4 脚，应该有 8V 电压，若没有，应检查控制模块是否从倒挡开关处取得 12V 工作电压。

(2) 故障诊断模式进行检测

利用故障诊断模式进行检测系统出现故障时，打开故障诊断模式会按下述所示方式反复循环提示故障位置，因此，利用故障诊断模式的提示音可以方便地判断出是哪一个传感器出故障。

① 左侧传感器故障时的警报（bi～bi～bi～）。

② 左后侧传感器故障时的警报（bibi～bibi～bibi～）。

③ 右侧传感器故障时的警报（bibibibi～bibibibi～bibibibi～）。

④ 右侧传感器故障时的警报（bibibibi～bibibibi～bibibibi～）。

(3) 示波器检测

利用示波器，可以对超声波距离传感器的发射端子 TX 和接收端子 RX 进行检测。用示波器检测时，注意要在线束连接完好的情况下，将车辆挂入倒车挡，利用背查法进行，其信号应与图 2-115 所示波形相符。

图 2-115　发射端子 TX 和接收端子 RX 的信号

(4) 经验判断法检查

在汽车进入倒车工作状态下，用耳朵贴近传感器表面，仔细听是否有轻微的嘀答声（可与正常的比较），如果响声正常，说明传感器的电源正常，检查传感器和控制器之间的信号连接是否正常。

第十一节 其他位置传感器

一、怠速电机位置传感器

1. 怠速电机位置传感器的作用

怠速电机位置传感器用于检测电机的实际位置,并向发动机 ECU 提供反馈信号,以判断电机是否正常工作。

2. 怠速电机位置传感器的结构

三菱太空 4G63 发动机采用了双向直流可逆电机怠速控制系统(ISC 系统),双向直流可逆电机采用 5V 电压的可逆式直流电机,直流 ISC 电机不是直接推动节气门打开,而是控制怠速旁通空气道的大小。该发动机的怠速电机位置传感器由两个霍尔效应传感器组成,其结构如图 2-116 所示。

图 2-116 怠速电机位置传感器的结构

3. 怠速电机位置传感器与 ECU 的连接电路

怠速电机位置传感器与 ECU 的连接如图 2-117 所示。

图 2-117 怠速电机位置传感器与 ECU 的连接

4. 怠速电机位置传感器的工作原理

发动机 ECU 向两个霍尔效应传感器提供 5V 参考电压。当电机旋转时,正齿轮 B 上的磁体在齿转传动下也旋转。这些磁体向 ISC 阀位置传感器提供脉冲。电磁脉冲由霍尔效应传感器接收,根据电机位置的变化将 5V 参考电压接地或不接地时,被转化为 5V 或 0V 脉冲信号,该信号被发动机 ECU 用于监测 ISC 阀位置。正齿轮 B 每旋转一周,每一个霍尔效应传感器产生 4 个 5V 方波输入脉冲,被输送至发动机 ECU。但由于两个霍尔效应传感器存在相位上的差异,第一个被触发的霍尔效应传感器使发动机 ECU 能够确定电机的方向。其输出脉冲信号如图 2-118 所示。

图 2-118　输出脉冲信号

正齿轮的运行范围为 24 转,可使伺服阀从全闭状态转变为全开状态。该 24 转运行范围可换算为 96 步运行范围(24 转×4 个脉冲/转)。所以,ISC 电机的运行范围为 0(全闭)~(全开)。

5. 怠速电机位置传感器的检测

(1) 故障检测

ISC 电机有故障会导致发动机怠速不稳、怠速过高、怠速过低、加速或减速熄火,开空调和开大灯、转向时发动机不提速等现象。

(2) 检测供电电源

由于霍尔式传感器在工作时需要提供工作电压和参考电压,因此需要对传感器的工作电压线路和参考电压进行测量。

(3) 解码器检测

使用三菱专用检测仪 MUT 可对阀位置传感器信号进行检测。检测工具的显示单位为步,并且在怠速的情况下应该随发动机负荷的变化而变化。

如果发动机 ECU 要求改变怠速马达的位置,而发动机 ECU 在电机位置传感器的反馈中并未检测到该变化,或者位置传感器未提供正确的反馈,那么发动机 ECU 将设置一个诊断故障码为"25"。电机或电机位置传感器所产生的故障均会导致出现这种情况。

当 ISC 电机位置传感器出现故障时,即使实际位置不是 0 步,而检测工具上也可能显示 0 步或者 120 步。

图 2-119　制动踏板位置传感器的位置

(4) 示波器检测

可以使用示波器验证电机位置传感器输出波形,判断其工作是否正常。正常输出波形如图 2-118 所示。使用示波器检测,可以在点火开关打开、线路连接正常的情况下,将示波器探针从两个信号端分别拾取信号,信号输出波形应该是 5V 高电位和 0V 低电位交替出现,正齿轮 B 旋转一周,两个传感器都应有 4 个高电位脉冲出现。

二、制动踏板位置传感器

丰田雷克萨斯 RX 400h 的电子制动控制(ECB)系统中安装有制动踏板位置传感器,安装于制动踏板上部,如图 2-119 所示。

制动踏板位置传感器一般使用滑动电阻传感器，滑动触点跟随制动踏板的摆动而旋转，使输出电压发生变化，根据输出电压的大小和变化的速率，可以反映驾驶员所需求的制动强度和制动的速率。其工作原理与节气门位置传感器相似。

新型的制动踏板位置传感器采用两路滑动变阻电路，主传感器与副传感器输出反向，制动踏板位置传感器电路组成如图 2-119 所示。两个传感器共用一个电源和搭铁回路，中间的 SKS1 和 SKS2 为信号输出。

图 2-120 为传感器输出线性电压特性图，其检测方法可以参照双滑动电阻式节气门位置传感器。

图 2-120　制动踏板位置传感器的电路组成和输出信号

三、制动行程传感器

制动行程传感器用于 BAS（制动辅助系统），当驾驶员在紧急制动的情况下，BAS 控制模块根据传感器的信号控制制动系统制动压力，增加制动行程，使之在紧急制动时更加安全。

制动踏板位置传感器和制动行程传感器主要有两点不同：一是安装位置的不同，制动踏板位置传感器安装于制动踏板处，制动行程传感器安装于制动总泵处的真空助力器内，用于感测膜片的运动；二是感测的运动部位不同，制动踏板位置传感器感测制动踏板的位置和运动，而制动行程传感器检测的是制动总泵的动作。

BAS 制动行程传感器 b1 是感测膜片的运动，因此也称为膜片行程传感器，它使用滑动电阻式传感器，需要输入 5V 参考工作电压，滑动触点根据制动助力器膜片的移动而滑动，因此滑动电阻的输出信号就反映了制动总泵动作的幅度和速度。BAS 系统的电路连接如图 2-121 所示。

四、乘员位置传感器

智能安全气囊系统区别于以前一般的安全气囊系统重要的一点，就在于智能安全气囊系统采用了乘客位置感知系统（OPDS）。

OPDS 系统由 OPDS 传感器和 OPDS 装置组成，其结构见图 2-122。在乘客座椅内暗藏了 7 个传感器，即 6 个高度传感器和 1 个位置传感器，这些传感器和 OPDS 装置一起隐藏在前排乘员座椅内部。OPDS 传感器中有座椅靠背内的 6 个传感器负责观察乘员的坐姿高度，来判断坐着的是儿童还是大人，靠背侧边的一个传感器则专门检查儿童是不是侧着头打瞌睡，判断儿童的头部是不是处于侧气囊展开的范围内。

图 2-121 制动行程传感器的位置和电路图

OPDS 传感器的感测原理是检测放射电波因电介质的存在而发生输出电流增加或减少。

图 2-122 OPDS 的构成

在 OPDS 装置内有高频振荡回路，发射频率为 120kHz，并设有输出监视回路。高度传感器（天线）则位于前排乘员座椅的靠背中央，座椅和乘员都可以看成是特定的电介质，具有一定的导电体量。因为儿童的导电体量比大人少，所以乘坐儿童时，传感器的输出电流也会减少。另外，当乘员远离传感器时，虽然乘员本身没有变化，但是乘员的实际导电体量变少，因而传感器的输出电流也会减少。这样，OPDS 传感器就把乘员的导电体量转化成电信号。OPDS 装置根据输出电流的变化，判断出乘客的大小和位置的身高、坐姿和头部位置，从而知道乘员是大人还是儿童或幼儿，知道其头部是否处于侧气囊的引爆范围。OPDS 的感知原理简图如图 2-123 所示。

图 2-123 OPDS 的感知原理简图

五、溢流环位置传感器

溢流环位置传感器用在电控柴油喷射装置上，用来检测溢流环的位置，实现电子控制喷油量。溢流环位置传感器的工作原理如图 2-124 所示，在线圈内部有铁芯，铁芯与被检测位置的部件一起动作，当铁芯上下移动时，线圈的电感发生变化，输出的信号也变化。根据输出信号的大小，即可检测出被测部件的位置。

图 2-124　溢流环位置传感器的工作原理

为保证电子控制的精确性、准确性，根据位置传感器检测出溢流环的位置，即实际的喷油量，再反馈到 ECU 中。电子控制柴油喷射系统原理如图 2-125 所示。

图 2-125　电子控制柴油喷射系统原理

六、方位传感器

1. 磁通量闸门式方位传感器

丰田轿车的导航系统中主要采用磁通量闸门式方位传感器。

磁通量闸门式方位传感器是利用地磁产生电信号进行检测的传感器，主要应用于车辆的

(a) 指示原理图　　　　　　　　　(b) 方位判断图

图 2-126　方位偏差指示原理

导航系统以指示方向偏差。方位传感器方向指示的原理如图 2-126 所示，励磁线圈可在环状磁芯上产生方向、强度呈周期变化的交变磁场，若测定检测线圈 X、Y 的输出电压，就可知道如图 2-126(b) 所示的方位了。

皇冠轿车导航系统的方位传感器安装在车顶上，如图 2-127 所示。导航系统由操纵部分、显示部分、地磁方位传感器和行驶距离传感器等组成，它通过电控单元完成显示功能、方位的距离计算和修正计算，其电路如图 2-128 所示。

图 2-127 丰田皇冠轿车的方位传感器的安装位置

导向系统的工作过程是：首先从地图上找出从出发地到目的地的东西方向距离 a，南北

图 2-128 丰田皇冠轿车导向系统电路

方向距离 b，输入到系统的操纵部分，同时也把到目的地的直线距离 L_0 输入到电控单元中，如图 2-129 所示。当车辆行驶后，无论车辆在哪个方向上移动，地磁方位传感器都能检测出绝对方向 θ_1，并将其显示在仪表盘上，而且通过电控单元计算距离目的地的方向 θ_2 和距离 L，并显示出来。

2. 双线圈发电机型地磁矢量方位传感器的识别

日产轿车的导向系统使用双线圈发电机型地磁矢量方位传感器，如图 2-130 所示。

图 2-129　导向系统的工作原理

图 2-130　双线圈发电机型地磁矢量方位传感器的结构

双线圈发电机型地磁矢量方位传感器的上、下线圈的相位相反，所以垂直方向的磁感应电动势互相抵消。若改用电动机转动线圈和铁芯，地磁的水平分量如图 2-131 所示，使铁芯中的磁通密度发生变化，从而建立磁场。在图 2-131（a）所示的位置，磁场方向向内；图 2-131（b）所示位置，磁场强度为零；在图 2-131（c）所示位置，磁场方向向外。所以，在地磁检测线圈中，产生一个正弦交变电压，其相位由地磁场的方位决定。此外，由光电断续器发出相位固定的脉冲信号，根据这两个输出信号的相位差，可以检测出地磁的方向，由此可检测出汽车的方位。

七、氮气惯性式方向传感器

本田汽车的惯性行驶系统，是采用氮气惯性式方向传感器，而不是利用电磁。这种传感器是利用氮气的惯性制成的。其结构如图 2-132 所示，密封在容器中的氮气，在压电振子一侧，使固定在汽车上的检测器的两根热线冷却程度不同，结果产生温度差，并以电位差的形式表现。由于两热线构成电桥电路，如图 2-132（b）所示，所以可检测出 A、B 两点间电位差。其输出电压与汽车偏转率成正比。电脑可以根据传感器输出的电压信号，判断出汽车的方向。

图 2-131　方位传感器的原理

(a) 结构原理　　　　　　　　(b) 电路

图 2-132　氮气惯性式方向传感器

八、离合器位置传感器

1. 离合器位置传感器的安装位置

离合器位置传感器用卡子卡在离合器主缸上，如图 2-133 所示。借此可以识别是否踩下了离合器踏板。

2. 离合器位置传感器的作用

踩下离合器踏板时，车辆会进行以下操作：

① 定速巡航装置关闭；

② 喷油量短时降低并借此防止换挡过程中发动机转速迅速提高。

图 2-133 离合器位置传感器的位置

3. 离合器位置传感器的结构与工作原理

主缸通过一个卡口连接件固定在支撑座上。踩下离合器踏板时推杆推动主缸内的活塞。

（1）未踩下离合器踏板

离合器踏板未踩下时推杆和活塞处于静止位置，如图 2-134 所示。离合器位置传感器内的电子分析装置将一个电压信号发出给发动机控制单元，有供电电压（蓄电池电压）时该电压为 2V。发动机控制单元凭此信号识别是否踩下了离合器踏板。

图 2-134 离合器踏板未踩下

（2）踩下离合器踏板

踩下离合器踏板时推杆与活塞一起向离合器位置传感器方向移动，如图 2-135 所示。活塞前端有一个永久磁铁。只要永久磁铁经过霍尔传感器的开关点，电子分析装置就会将一个 0~2V 的电压信号发送给发动机控制单元。借此识别离合器踏板是否踩下。

九、车轴传感器

1. 车轴传感器的作用

车轴传感器可以很精确地检测车体的倾斜角度，照明距离自动调节（ALWR——Automatische Leuchtweiten-regulierung）系统凭此信号可以自动校正汽车前照灯的照明距离。在接入近光灯时，ALWR 可以适应汽车的倾斜，以保证驾驶员有足够的视野，对迎面车辆没有盲区。静态的照明距离自动调节可以适应由于汽车负载引起的车身倾斜。动态的汽车照明距离自动调节可附加地适应由于制动、加速引起的汽车俯仰运动。

图 2-135　踩下离合器踏板

2. 车轴传感器的结构和工作原理

安装在车体前、后的车轴传感器（转角传感器）可检测汽车的倾斜。通过与车轴或车轮悬挂装置相连接的传动杆上的转动杆可以检测汽车的跳动。这样，前、后轴传感器间检测得的电压差可计算出汽车的俯仰情况。

车轴传感器是利用 Hall 效应原理制成。Hall 传感器集成在转子上，转子处于均匀的磁场中。磁场在 Hall 传感器中产生 Hall 电压，如图 2-136 所示。该电压与磁通密度成正比。当环形磁铁随轴转动时，通过 Hall 传感器的磁通密度发生变化。

图 2-136　车轴传感器的结构

汽车在受载和/或加速、制动引起的跳动传到轴传感器的转动杆上，并将它转换成与转角成比例的电信号。

ECU 接收来自车轴传感器的电信号，并得到前、后轴间的电压差。在考虑了汽车行驶速度后可计算出伺服电机位置的设定值。当车辆等速行驶时动态照明距离自动调节保持在大阻尼状态，伺服电机的位置，即照明距离调节位置只是慢慢地与汽车俯仰状况相协调，以免遇到路面不平或凹坑冲击时不断校正照明距离。当车辆加速或制动时，照明距离自动调节马上进入动态工作方式，伺服电机位置在几毫秒内就与汽车俯仰相协调，然后又自动地回到大阻尼的慢速调节状态。

十、转向轮角度传感器

1. 转向轮角度传感器的作用

转向轮角度传感器主要应用在电子稳定控制系统中,该系统的任务是在制动作用下将汽车保持在驾驶员设定的行驶道路上。在控制单元中将转向轮调整角度和给定的制动压力与汽车实际的转向和行驶速度进行比较,必要时制动车轮。这样不仅保证车轴与转向的偏差,还可防止不希望的过度转向,保证适度的不足转向。

电子稳定控制系统中的角度传感器主要有两个作用:一是用于检测转向轮角度,二是用于检测传感器测量的可信度或者在理想情况下还可自诊断。常用的转向轮角度传感器有电位器式、光代码式和磁电式三种。

2. 转向轮角度传感器的结构与工作原理

在 Bosch 电子稳定控制系统的电控单元配用的有两种测量绝对角度的电磁式角度传感器。它们可在任何时间,在整个角度范围内测出转向轮角度。

LWS 1 型 Hall 转向轮角度传感器有 14 个霍尔"栅栏"(传感器)检测角度和转向轮的转动,如图 2-137 所示。1 个霍尔栅栏(传感器)都像 1 个光栅;1 个霍尔传感器检测相邻磁铁的磁场。磁场由于被与转向柱一起转动的金属编码盘阻挡而大为减弱,甚至屏蔽。这样,9 个霍尔传感器得到转向轮角度的编码(数字)信息,剩下的 5 个 Hall 传感器记录转向轮的转动。通过 4∶1 的减速比,将该转动变为 360°,即 4 转变 1 转。

图 2-137 LWS 1 型霍尔转向轮角度传感器的结构

从 LWS 1 型转向轮角度传感器结构图可知,上面 9 个磁铁,根据转向轮转向位置,被放在它下面的软磁材料的编码盘逐个屏蔽。在印刷电路板上有霍尔传感器和微处理器。在微处理器中可检测传感器的可信度,并对检测的角度进行译码,并为 CAN 总线传输数据作准备。LWS 1 型转向轮角度传感器的下半部分是减速器和 5 个"栅栏"(传感器)。LWS 1 型转向轮角度传感器因为元件众多,需等距离安装磁铁及对准,而被"LWS 3"型转向轮角度传感器代替。

为使成本更便宜,LWS 4 型转向轮角度传感器代替了 LWS3,提高 ESP 系统的安全性。

十一、车距传感器

1. 车距传感器的作用

车距传感器（如图 2-138 所示）应用在在 APC（自动车距控制）系统中。APC 系统是通过一个基于毫米波雷达技术的车距传感器进行距离测量的。系统同时测量与视野范围内几个物体的距离以及沿车辆纵向的相对车速。通过这些测量值，计算出每个物体与其视野范围中心线的角度偏差（方位角）。

2. 车距传感器安装位置

车距传感器安装在保险杠塑料盖板后面，如图 2-139 所示。发出光束的透镜很容易辨认出来。

图 2-138 车距传感器

图 2-139 车距传感器安装位置

3. 结构

车距传感器主要由透镜、校准镜、电子分析装置和收发单元等组成，如图 2-140 所示。在车距传感器壳体内集成了计算效率非常高的处理器。它将进行以下附加计算：

① 行车道预报；

② 相关物体的选择；

③ 距离和定速巡航；

④ 发动机控制单元、制动助力器和组合仪表的启用；

⑤ 自诊断。

图 2-140 车距传感器的结构

4. 工作原理

车距传感器的视野范围可以比作大灯聚光灯的照亮区域。对于大灯而言，传感器的视野区域中心线必须与行驶方向精确对准。

车距传感器依靠电磁波工作，该波以光速 c 进行传播。频率为 f 的波运行一个周期需要一个波长 λ。它的发射频率为 $f=76.5\text{GHz}$，波长 $\lambda=3.92\text{mm}$。频率 f 为 $30\sim150\text{GHz}$ 的波称为毫米波。

（1）车辆匀速行驶

如果在车距传感器的探测区域内没有发现车辆，则车距传感器会发送信号给电控单元。电控单元会控制车辆保持期望车速行驶。

（2）车辆减速行驶

如果一辆带 APC 系统汽车（后车辆）的车距传感器探测到前方同一车道上有一辆行驶较慢的汽车（前车辆），车距传感器向 APC 系统控制单元输入信号，APC 系统控制单元会自动控制减小发动机的扭矩，并在必要时采取必要的制动，以此将两车车距调节到驾驶员预设的值，该值为受时间控制的值，如图 2-141 所示。

图 2-141 车辆减速行驶

当车距传感器检测到前方有慢车插入时，并向 APC 系统控制单元发送信号。车辆通过减速作出反应，使本车速度与前车速度相当，如图 2-142 所示。

图 2-142 慢车插入

（3）车辆减速或变道行驶

当车距传感器检测到前方车辆加速或者变换行车道时，并向 APC 系统控制单元发送信号，如图 2-143 所示。APC 控制单元根据此信号控制本车重新加速，恢复到预设车速。

图 2-143　车辆减速或变道行驶

第三章 温度传感器

第一节 概　述

温度传感器广泛应用于现代汽车发动机、自动变速器和空调等系统，用于测量发动机的冷却液温度、进气温度、自动变速器油温度、空调系统环境温度、室内温度等，是发动机燃油喷射、自动变速器换挡、离合器锁定、油压控制以及自动控制的重要信号。

汽车上的温度传感器因车型的差异，检测的目的和范围也不大一样，那么其数量、使用的类型也有差异。目前温度传感器有绕组电阻式、热敏电阻式、扩散电阻式、半导体二极管式、金属芯式和热电偶式等。实际应用在汽车上的温度传感器主要有热敏电阻式、金属测温电阻式、热电偶式三种类型。这三种典型的温度传感器的主要特点见表3-1。

表 3-1　典型温度传感器的特点

测量用部件	优　点	缺　点
热敏电阻	①可测量很小部位的温度 ②可缩短滞后时间 ③灵敏度高 ④不能忽略导线电阻造成的误差 ⑤最适于测量微小的温度差 ⑥测量机构简单且价格低廉 ⑦因信噪比较高，所以对系统性计量工程来说经济性好	①因电阻与温度间的非线性程度较严重，有时需要作三线性处理 ②有时需要互换用电阻 ③振动严重的场合可能会造成破坏
热电偶	①可测量很小部位的温度 ②可缩短滞后时间 ③耐振动与冲击 ④适于测定温度差 ⑤测定范围宽	①需要标准触点 ②标准触点与补偿导线有误差 ③在常温下不注意修正时，难以得到较高的精度
金属测温电阻	①适于测量较大范围的平均温度 ②不需要标准触点等 ③与热电偶相比，常温左右的精度较高	①难以缩短滞后时间 ②在振动严重的场所可能出现破损 ③受导线电阻的影响，需要修正

1. 热敏电阻式温度传感器

热敏电阻是用陶瓷半导体材料与其他的金属氧化物按适当的比例混合后高温烧结而制成的温度系数很大的电阻体。在工作范围内，按陶瓷半导体与温度的特性关系可分为三种：第一种，负温度系数热敏电阻（NTC），其电阻随温度升高而减少；第二种，正温度系数热敏电阻（PTC），其电阻随温度升高而按指数函数增加；第三种，临界温度系数热敏电阻（CRT），其电阻随温度升高而按指数函数减少。在汽车上常见的有前两种。

2. 热电偶式温度传感器

热电偶式温度传感器是根据热电效应（温差电动势效应）制成的，即将两种不同材料的金属黏合在一起，如图 3-1 所示，在 A、B 间产生温度差 ΔT_{AB} 时，两点间会出现一个电位差 ΔU_{AB}，即 A、B 两点间的电位差仅仅取决于其温度差的大小。测量时，将其中的一端置于恒温箱中，另一端置于被测物中，被测物温度变化造成电位差的变化。电位差 ΔU_{AB} 的变化实际上反映的是被测物温度的变化。

图 3-1　热点效应原理图

3. 金属测温电阻式温度传感器

金属测温电阻式温度传感器是以金属元件作为检测元件的传感器，要求材料的电阻温度系数、物理化学性能稳定且其自身的电阻率较大。金属铂和铜符合这一要求，成为较理想的、常用的热电阻材料。其中因为铂在很宽的温度范围内能保持良好的性能，所以得到了广泛的应用；而铜虽然仅适用于 -50～150℃，但其测温精度高，稳定性好，且易加工，较为经济。

另外，还要提到的有热敏铁氧体式温度传感器和应用在老式化油器式发动机上的石蜡式以及双金属片式气体温度传感器，其中石蜡式温度传感器是利用石蜡的低温固态、高温液态、体积膨胀推动活塞运动，从而开、关阀门的原理制成的；双金属片式温度传感器则是利用线胀系数不同的两种金属黏合后，在高温时，由于两种金属的线胀系数不同，使得双金属片向膨胀量小一方弯曲的特性制成的可关闭阀门。

第二节　热敏电阻式温度传感器

一、冷却液温度传感器

1. 冷却液温度传感器的作用

冷却液温度传感器的主要作用是检测冷却液温度，并将温度信号转换为电信号输入给发动机 ECU，ECU 对发动机的喷油量和点火时刻进行修正。

2. 冷却液温度传感器的安装位置

冷却液温度传感器（即水温传感器）一般装在电喷发动机的缸体缸盖的水套及上出水管、节温器等处，如图 3-2 所示。

3. 冷却液温度传感器的类型

冷却液温度传感器主要有绕线电阻式、热敏电阻式、扩散电阻式、半导体晶体管式、金属芯式、热电偶式等类型。应用最广泛的是热敏电阻式，因此在这里将做详细的介绍。

4. 冷却液温度传感器的结构

冷却液温度传感器有两端子式和单端子式两种，主要由热敏电阻、金属引线、接线插座和壳体组成，其结构如图 3-3 所示。

5. 冷却液温度传感器的工作原理

使用广泛的冷却液温度传感器的类型是采用负温度系数的热敏电阻构成的。它当冷却液

第三章 温度传感器

图 3-2 冷却液温度传感器的安装位置

图 3-3 冷却液温度传感器的结构

温度较低时,传感器的电阻较大;当冷却液温度升高时,传感器的电阻变小。冷却液温度传感器的特性如图 3-4 所示。

图 3-4 冷却液温度传感器的特性

图 3-5 冷却液温度传感器与 ECU 的连接电路

在发动机电控系统中,传感器就能感知到冷却液温度的变化,并将这种变化通过电路的连接转化为电信号输送给 ECU,ECU 根据输入的电信号(即冷却液温度的变化信号),来对电喷发动机的喷油量及喷油时间进行修正,同时调整空燃比,使进入发动机内的混合气能稳定地燃烧,冷机时供给较浓的可燃混合气,热机时,供给较稀的可燃混合气,使发动机良好地工作。

6. 冷却液温度传感器与 ECU 的连接电路

北京切诺基发动机管理系统所使用的冷却液温度传感器与 ECU 的连接电路如图 3-5 所示。

由图 3-5 可知，水温传感器的两根导线都和 ECU 相连接：一根为搭铁，另一根的对地电压随热敏电阻阻值的变化而变化。ECU 根据这一电压的变化测得发动机冷却水的温度，和其他传感器产生的信号一起，用来确定喷油脉冲宽度、点火时刻等。

从图 3-5 中可以看出，ECU 使 5V 的电压通过 1kΩ 电阻和晶体三极管串联后再与 10kΩ 电阻的并联电路，然后经过传感器接地。在温度比较低时，传感器的热敏电阻的阻值较大，此时 ECU 使晶体三极管截止，5V 的电压仅仅通过 10kΩ 电阻及传感器后搭铁，由于传感器的热敏电阻的阻值与 10kΩ 电阻的阻值相差不大，这样传感器所测得的数值比较准确；而当温度达到一个特定值 51.6℃时，热敏电阻的阻值发生了很大的变化，此时其阻值相对 10kΩ 已经较小，测得的数值不准确，此时 ECU 使晶体管导通，这样 5V 电压就通过 1kΩ 电阻和晶体三极管串联后再与 10kΩ 电阻的并联电路，然后经过传感器搭铁，由于并联后的阻值与 1kΩ 相差不大，即与温度升高后的传感器的阻值相差也不大，这样即使温度升高后发生变化，也能使测量结果准确。

7. 冷却液温度传感器的检测

这里以北京切诺基车上的冷却液温度传感器为例介绍检测方法。

（1）电阻检测

① 就车检查　点火开关置于 OFF 位置，拆卸冷却水温度传感器导线连接器，用数字式高阻抗万用表 Ω 挡，按图 3-6 所示测试传感器 B 端子和 A 端子间的电阻值。其测量电阻值应与温度的高低成反比，在热机时应小于 1kΩ。

图 3-6　就车检查冷却水温度传感器的电阻

图 3-7　测量水温传感器的电阻

② 单件检查　拔下冷却水温度传感器导线连接器，然后拆下传感器；将该传感器置于烧杯内的水中，加热杯中的水，同时用万用表电阻测量在不同水温条件下水温传感器两接线端子间的电阻值，如图 3-7 所示。将测得的值与标准值相比较。若不符合标准，则须更换冷却液温度传感器。

（2）就车检测输出信号电压

安装好冷却液温度传感器，将此传感器的导线连接器插好，打开点火开关，从水温传感器导线连接器 B♯端子或从 ECU 导线连接器 2♯端子上测量与接地端子间电压。所测得的电压值应随冷却水温成反比变化，测量值对照参考值。当冷却水温度传感器线束断开时，从 ECU 导线连接器 2♯端子上测试电压值，当点火开关打开时，应为 5V 左右。若不符合，须更换冷却液传感器。

二、进气温度传感器

1. 进气温度传感器的作用

因为进入发动机汽缸内的空气质量大小与进气温度和进气压力有关，即当温度低时，空气密度大，相同体积的气体的质量大；反之，进气温度升高时，相同体积气体的质量将减少。在采用空气流量传感器的燃油喷射系统中，空气流量传感器测定的空气质量为体积流量，因此需要进气温度传感器和大气压力传感器。ECU 便可根据进气温度传感器输入的进气温度和压力信号修正喷油量，使发动机自动适应外部环境和压力的变化。

2. 进气温度传感器的安装位置

进气温度传感器通常安装在空气滤清器之后的进气软管、空气流量传感器、节气门体和进气歧管上，如图 3-8 所示。有的还在空气流量传感器和谐振腔上各安装一个，以提高喷油器的控制精度。

(a) 空气滤清器之后的进气软管上

(b) 进气压力传感器内

(c) 节气门附近

(d) 进气歧管上

图 3-8 进气温度传感器的安装位置

3. 进气温度传感器的结构

进气温度传感器主要由绝缘套、塑料外壳、防水插座、铜垫圈、热敏电阻等组成，其结构如图 3-9 所示。

图 3-9 进气温度传感器的结构

图 3-10 进气温度传感器的工作特性曲线

4. 进气温度传感器的工作原理

进气温度传感器也是由负温度系数的热敏电阻组成的，即温度升高时传感器的电阻明显减小。其用来检测发动机的进气温度，并将这种温度信号通过电路的连接以电信号的形式输入给ECU，ECU则根据输入的电信号对喷油量进行修正。进气温度传感器的工作特性曲线如图3-10所示。

5. 进气温度传感器与ECU的连接电路

丰田汽车发动机管理系统中使用的进气温度传感器的接头端子与ECU的连接电路如图3-11所示。

图3-11　进气温度传感器的接头端子与ECU的连接电路

图3-12　热水加热空气温度传感器

6. 进气温度传感器的检测

如果进气温度传感器出现故障，会使输入给ECU的进气温度电信号出现中断，使进入发动机汽缸中的混合气过稀或过浓，燃烧情况变坏，出现热启动困难、废气排放量增大、工作不稳定的情况。同时若在行车中出现上述的情况，则应对进气温度传感器进行检测，具体方法如下。

(1) 检测进气温度传感器的电阻

① 单体检测　关闭点火开关，拔下进气温度传感器连接器接头，拆下进气温度传感器。用电吹风机吹或用热水加热进气温度传感器，并用万用表电阻挡，测量在不同温度下进气温度传感器的电阻值，如图3-12所示。其电阻值随温度的变化应与冷却液温度传感器相似，如果电阻值不在规定范围内，则应更换进气温度传感器。

② 就车检测　关闭点火开关，拔下进气温度传感器连接器接头，用高阻抗数字式万用表电阻挡检测传感器接头两端子间的电阻，阻值介于0.2~20kΩ之间，否则，如果电阻值的偏差过大，则说明传感器已失效或损坏，应更换传感器。

(2) 测量进气温度传感器的电压

打开点火开关，用万用表的两端子分别连接进气温度传感器的信号线或ECU的信号线端子与地线端子（即THA与E_2），注意正负极，用其电压挡测量传感器的输出电压值，其大小应随进气温度的变化而变化，即温度低时电压高，温度高时电压低，测量结果应符合规定（如在20℃时电压值应在0.5~3.4V间），否则应更换传感器。

(3) 测量进气温度传感器与ECU之间的连接线束的电阻

用高阻抗万用表的电阻挡测量传感器的信号端子与ECU的信号端子之间的连接线束及传感器的地线端子与ECU的地线端子之间的电阻，此时线路应导通且电阻应小于1.5Ω，否则说明线束短路或接线端子的接触不好，应继续检查或更换线束。

三、车内、外空气温度传感器

1. 车内、外空气温度传感器的作用

汽车车内、外空气温度传感器用于测量车内、外的空气温度,并把测得的温度信号以电信号的形式输入给汽车空调控制系统 ECU,从而实现汽车空调控制系统对工作温度的控制,保持汽车内部温度恒定在设定的范围。

2. 车内、外空气温度传感器的安装位置

车外空气温度传感器一般安装在汽车的前部,而车内空气温度传感器有两个,一个安装在驾驶室内的仪表板下面,一个安装在后风窗玻璃下面,如图 3-13 所示。

图 3-13 车内、外空气温度传感器的安装位置

3. 车内、外空气温度传感器的结构与工作原理

车内、外空气温度传感器均由负温度系数的热敏电阻制成,即电阻值随空气温度的升高而明显减小。

(1) 车内空气温度传感器

车内空气温度传感器将热敏电阻装在塑料壳内,利用抽风装置(利用空调组件内的气流工作或设有专用电机吸进空气)将车内空气从吸气孔处吸入塑料壳内来检测车内温度。车内空气温度传感器的结构如图 3-14 所示。

图 3-14 车内空气温度传感器的结构

(2) 车外空气温度传感器

车外空气温度传感器用于检测车外环境的温度,且其阻值也随环境温度的变化而变化,并把这种变化信号输入给空调控制系统的 ECU,使 ECU 启动空调压缩机运转,从而保持车内的温度在恒定的范围内。车外空气温度传感器的结构与特性曲线如图 3-15 所示。

4. 车内、外空气温度传感器与 ECU 的连接电路

车内、外空气温度传感器与 ECU 的连接电路如图 3-16 所示。

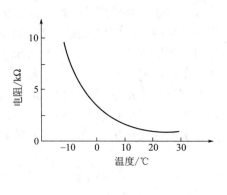

(a) 结构   (b) 特性

图 3-15 车外空气温度传感器的结构与特性曲线

(a) 车内空气温度传感器   (b) 车外空气温度传感器

图 3-16 车内、外空气温度传感器与 ECU 的连接电路

5. 车内、外空气温度传感器的检测

当空调系统发生故障时，车内的温度不能保持恒定，若出现此状况，应对空调系统电路的各部分进行检测。检测时用万用表电压挡分别测量电路各部分的电压，如果发现传感器部分的电路短路或断路，则应继续检测，看传感器是否损坏，检测方法如下。

(1) 车内空气温度传感器检测

关闭点火开关，拔下传感器的连接器插头，把万用表的两表笔连接在传感器的两端子上，并用吹风机吹热风，检查传感器电阻值的变化情况，车内温度传感器电阻随温度的变化规律应符合特性曲线（见图 3-17）变化规律，否则说明有损坏，应更换传感器。

(2) 车外空气温度传感器的检测

拆下汽车散热器护栅，拔下传感器连接器插头，拆下传感器，放入热水中加热并用万用表的电阻挡测量两接线端子之间的电阻值，当温度升高时，其电阻值应明显下降。检测的电阻值应符合特性曲线（见图 3-18）变化规律，否则应更换传感器。

四、蒸发器出口温度传感器

1. 蒸发器出口温度传感器的作用

蒸发器出口温度传感器用以检测蒸发器表面的温度变化，控制压缩机的工作状况。

图 3-17 车内空气温度传感器特性曲线

图 3-18 车外空气温度传感器特性曲线

2. 蒸发器出口温度传感器的安装位置

蒸发器出口温度传感器安装在汽车空调系统的蒸发器片上，如图 3-19 所示。

图 3-19 蒸发器出口温度传感器安装位置　　图 3-20 空调系统的原理框图

3. 蒸发器出口温度传感器的原理

当空调系统工作时，出口温度传感器检测蒸发器表面的温度信号，该信号转化为电信号输入给温度控制系统的 ECU，ECU 将输入的温度信号与设定的温度调节信号进行比较后，控制空调压缩机电磁离合器的通断,从而对压缩机的工作进行控制;同时还能利用此传感器检测到的温度信号,防止蒸发器出现冰堵现象。空调系统的工作原理如图 3-20 所示。

蒸发器出口温度传感器仍采用负温度系数的热敏电阻为检测元件,其工作温度为 20~60℃,其特性曲线如图 3-21 所示。

4. 蒸发器出口温度传感器与 ECU 的连接电路

蒸发器出口温度传感器与 ECU 的连接电路如图 3-22 所示。

图 3-21 蒸发器出口温度
传感器特性曲线

图 3-22 蒸发器出口温度传感器
与 ECU 的连接电路

5. 蒸发器出口温度传感器的检测

如果空调系统发生了故障,且在蒸发器的制冷剂出口处即高压管路上出现了冰堵现象,同时压缩机不能正常工作,这可能是蒸发器出口温度传感器的连接电路出现断路或短路的故障所致,此时须对蒸发器出口温度传感器进行检测,具体方法如下。

① 检查蒸发器温度传感器和空调控制器总成之间的连接器及各导线的连接情况,检查空调控制器总成的状况。

② 断开点火系统,拆下蒸发器出口温度传感器,用万用表电阻挡测量传感器两接头端子之间在不同温度下的电阻值,应符合一定的标准参考值,且随温度的升高电阻值明显减小,如果不符合,则应更换出口温度传感器。

五、排气温度传感器

1. 排气温度传感器的作用

排气温度传感器用以检测转化器内的排气温度,当排气温度过高时,此传感器将这种过高的温度信号以电信号的形式输入给 ECU,ECU 经过分析处理后启动异常高温报警系统,使排气温度报警指示灯点亮,从而向驾驶人员发出报警信号。

2. 排气温度传感器的安装位置

排气温度传感器安装在汽车排气装置的三元催化转化器上,如图 3-23 所示。

3. 排气温度传感器的结构

汽车用排气温度传感器常见的是热敏电阻式,其结构如图 3-24 所示。

4. 排气温度传感器的工作原理

排气温度报警系统电路如图 3-25 所示。

从图 3-25 中可知,启动发动机时,报警灯亮,这是制造厂为检查排气温度报警灯灯泡的灯丝是否良好而设置的功能。

在车辆行驶过程中,如果排气温度过高超过 900℃时,则排气温度传感器的电阻值降到 0.43kΩ 以下,此时排气温度报警灯点亮;当车厢底板温度超过 125℃时,底板温度传感器的电阻超过 2kΩ,这时在排气温度报警灯点亮的同时蜂鸣器也发出响声;当排气温度在

图 3-23 排气温度传感器的安装位置

图 3-24 热敏电阻式排气温度传感器结构

图 3-25 排气温度报警系统的电路

900℃以下，底板温度也低于125℃时，排气温度传感器的电阻值大于0.43kΩ，底板温度传感器的电阻低于2kΩ，这时排气温度报警灯不亮，蜂鸣器也无声响。

5. 排气温度传感器的检测

如果车辆在行驶过程中排气温度报警系统在排气温度及底板温度超过规定值时无法进行报警，或报警灯不亮，蜂鸣器也无声响，则说明排气温度报警系统的电路出现故障。在这种情况下，车辆继续行驶会损坏催化转换器，进而会造成排气管堵塞，影响发动机的工作性能，使其工作不稳定，因此需要对相应部件进行检修。排气温度传感器由于经常承受低温怠速启动到高温负荷下的温度剧变，还要承受发动机及车身的振动，因此极易损坏，应先对其进行检测，方法如下。

（1）就车检测

打开点火开关，启动发动机，排气指示灯亮，启动后指示灯熄灭，则说明电路连接良好，传感器也良好。

（2）单体检测

断开点火开关，拆下排气温度传感器，用火焰加热其顶部约 40mm 的部分，至火焰呈暗红色时测量其电阻值，应在 0.4～20kΩ 之间，如果不在此范围内，则说明传感器已损坏，必须更换传感器。

六、EGR（废气再循环）系统监测温度传感器

1. EGR 系统监测温度传感器的作用

EGR 系统监测温度传感器用来监测 EGR 阀内再循环气体的温度变化情况并监测 EGR 阀的正常工作，从而控制排气歧管出来的部分废气再循环地进入进气歧管中，降低汽缸的最高燃烧温度，并减少尾气中 NO_x 的含量，从而降低对环境的污染程度。

2. EGR 系统监测温度传感器的安装位置

EGR 系统监测温度传感器安装在 EGR 阀的进气道上，如图 3-26 所示。

图 3-26　EGR 监测温度传感器的安装位置

3. EGR 系统监测温度传感器的结构

EGR 系统监测温度传感器也是采用负温度系数的热敏电阻为检测元件，其结构如图 3-27 所示。

图 3-27　EGR 系统监测温度传感器的结构

4. EGR 系统监测温度传感器的工作原理

EGR 阀在发动机中速运转及中等负荷时开启，在发动机低速运转，水温低于 60℃ 时 EGR 阀关闭以防止发动机怠速不稳，发动机在大负荷运转时 EGR 阀也关闭以保证发动机有足够的功率输出，因此 EGR 监测温度传感器检测的温度范围为 50～400℃。

5. EGR 系统监测温度传感器的检测

导致 EGR 系统停止工作的可能原因：EGR 系统监测温度传感器的连接电路短路或断路；EGR 控制系统发生故障；管路中的沉积物堵塞了管路等。当 EGR 系统停止工作时，应对 EGR 监测温度传感器进行检测，检测方法如下：断开点火开关，拆下 EGR 监测温度传感器，并将其加热，其电阻值随温度的升高而降低，且应符合表 3-2 中列出的标准参考值，

如果相差很大，则应对其进行更换。

表 3-2　EGR 监测温度传感器的温度特性

温度/℃	50	100	200	400
初始电阻值/kΩ	635±77	85.3±8.8	5.1±0.61	0.16±0.05

七、HV 蓄电池组温度传感器

1. HV 蓄电池温度传感器的作用

HV 蓄电池温度传感器检测 HV 蓄电池内的温度，HVECU 根据 HV 蓄电池温度信号控制蓄电池冷却风扇。

2. HV 蓄电池温度传感器的安装位置

HV 蓄电池温度传感器一共有 4 个，它们的安装位置如图 3-28 所示。

图 3-28　HV 蓄电池温度传感器安装位置

图 3-29　HV 蓄电池温度传感器的特性曲线

3. HV 蓄电池温度传感器的工作原理

HV 蓄电池温度传感器是运用负温度系数电阻制成的。内置于各蓄电池温度传感器中的热敏电阻的电阻会根据 HV 蓄电池温度的变化而变化。HV 蓄电池温度越低，热敏电阻的电阻越大。反之，温度越高，电阻越小。蓄电池智能单元用蓄电池温度传感器检测 HV 蓄电池温度，并将检测值发送到混合动力车辆控制 ECU。混合动力车辆控制 ECU 根据此结果控制鼓风机风扇。HV 蓄电池温度高于预定标准时，鼓风机风扇启动。HV 蓄电池温度传感器的特性曲线如图 3-29 所示。

4. HV 蓄电池温度传感器与 ECU 的连接电路

HV 蓄电池温度传感器与 ECU 的连接电路如图 3-30 所示。

八、HV 蓄电池进气温度传感器

1. HV 蓄电池进气温度传感器的作用

HV 蓄电池进气温度传感器探测从进气管进入的空气温度，HV ECU 根据进气温度传感器信号控制电池冷却风扇。

2. HV 蓄电池进气温度传感器的安装位置

进气温度传感器（HV 蓄电池）安装在 HV 蓄电池上，其安装位置如图 3-31 所示。

3. HV 蓄电池进气温度传感器的工作原理

HV 蓄电池传感器电阻随进气温度的变化而变化。进气温度传感器的特性与蓄电池温度传感器的特性相同（特性曲线参考 HV 蓄电池温度传感器的特性曲线）。蓄电池智能单元用

图 3-30 HV 蓄电池温度传感器与 ECU 的连接电路

图 3-31 HV 蓄电池进气温度传感器安装位置

来自进气温度传感器的信号控制蓄电池冷却鼓风机总成的气流量。

4. HV 蓄电池进气温度传感器与 ECU 的连接电路

HV 蓄电池进气温度传感器与 ECU 的连接电路如图 3-32 所示。

九、辅助蓄电池温度传感器

1. 辅助蓄电池温度传感器的作用

辅助蓄电池温度传感器检测辅助蓄电池温度，HVECU 根据辅助电池温度信号调节 DC-DC 转换器的输出电压。

2. 辅助蓄电池温度传感器的安装位置

辅助蓄电池温度传感器的安装位置如图 3-33 所示。

图 3-32　HV 蓄电池进气温度传感器与 ECU 的连接电路

图 3-33　辅助蓄电池温度传感器的安装位置

图 3-34　辅助蓄电池温度传感器的特性曲线

3. 辅助蓄电池温度传感器的工作原理

辅助蓄电池温度传感器是运用负温度系数电阻制成的。内置于辅助蓄电池温度传感器的热敏电阻的电阻值随辅助蓄电池温度的改变而改变。辅助蓄电池温度越低，热敏电阻的电阻就越大。反之，温度越高，电阻越小。辅助蓄电池温度传感器的特性曲线如图 3-34 所示。

4. 辅助蓄电池温度传感器与 ECU 的连接电路

辅助蓄电池温度传感器与 ECU 的连接电路如图 3-35 所示。

图 3-35　辅助蓄电池温度传感器与 ECU 的连接电路

由图 3-35 可知，辅助蓄电池温度传感器连接到混合动力车辆控制 ECU 上。混合动力车辆控制 ECU 的端子 THB 通过内部电阻器 R 向辅助蓄电池温度传感器施加 5V 的电压。也就是说电阻器 R 和辅助蓄电池温度传感器串联。端子 THB 的电压和电阻值随辅助蓄电池温度的变化而变化。辅助蓄电池温度高时，混合动力车辆控制 ECU 根据此信号减小充电电流以保护辅助蓄电池。

5. 辅助蓄电池温度传感器的检测

关闭点火开关，断开蓄电池温度传感器连接器，如图3-36所示。用万用表或检测仪连接传感器的两个端子，并测量两个端子间在不同温度下的电阻。电阻应符合规定标准值，见表3-3。若不符，则须更换辅助电池温度传感器。

表3-3 辅助蓄电池温度传感器与ECU的连接电路

检测仪连接	温 度	规 定 状 态
	0℃(32°F)	5.0~5.3kΩ
O24-2-O24-1	20℃(68°F)	2.3~2.5kΩ
	40℃(104°F)	1.1~1.3kΩ

十、混合动力系统马达温度传感器

1. 混合动力系统马达温度传感器的作用

混合动力系统马达温度传感器用于检测MG1和MG2定子的温度。

2. 混合动力系统马达温度传感器的安装位置

混合动力系统马达温度传感器的安装位置如图3-37所示。

图3-36 蓄电池温度传感器连接器　　　　图3-37 马达温度传感器安装位置

3. 混合动力系统马达（MG2）温度传感器的工作原理

马达温度传感器是运用负温度系数电阻制成的。内置于马达温度传感器内的热敏电阻的电阻值随MG2温度的变化而变化。MG2温度越低，热敏电阻的电阻值就越大；反之，温度越高，电阻值越小。其特性曲线如图3-38所示。

4. 混合动力系统马达温度传感器与ECU的连接电路

混合动力系统马达温度传感器与ECU的连接电路如图3-39所示。

十一、升压转换器温度传感器

1. 升压转换器温度传感器的作用

升压转换器温度传感器检测升压转换器的温度（上部及下部）。

2. 升压转换器温度传感器的工作原理

安装于带转换器的逆变器总成中的MG ECU使用内置于带转换器的逆变器总成中的温度传感器检测增压转换器的温度。逆变器冷却系统与MG2和MG1的冷却系统相同，独立

图 3-38 马达温度传感器特性曲线

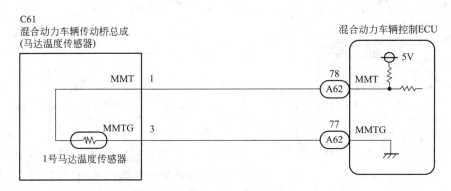

图 3-39 马达温度传感器与 ECU 的连接电路

于发动机冷却系统进行工作。MG ECU 使用来自增压转换器温度传感器的信号检查逆变器冷却系统的效果,特性曲线见图 3-40。如有必要,则 MG ECU 将限制逆变器输出以防逆变器过热。该 ECU 还检测增压转换器温度传感器内的故障。

3. 升压转换器温度传感器与 ECU 的连接电路

升压转换器温度传感器与 ECU 的连接电路如图 3-41 所示。

图 3-40 升压转换器温度
传感器特性曲线

图 3-41 升压转换器温度
传感器与 ECU 的连接电路

十二、环境温度传感器

1. 环境温度传感器的作用
环境温度传感器主要用来检测环境温度,并据此控制空调"AUTO"模式。

2. 环境温度传感器的安装位置
环境温度传感器安装在冷凝器前部,如图3-42所示。

图3-42 环境温度传感器的安装位置

图3-43 环境温度传感器特性曲线

3. 环境温度传感器工作原理
环境温度传感器与空调放大器连接,检测环境温度的波动,该信号用来控制车厢温度。传感器将信号传输至空调放大器总成。环境温度传感器的电阻随环境温度的变化而变化:温度下降时,电阻增大;温度上升时,电阻减小。环境温度传感器的特性曲线如图3-43所示。

4. 环境温度传感器与ECU的连接电路
环境温度传感器与ECU的连接电路如图3-44所示。

图3-44 环境温度传感器与ECU的连接电路

5. 环境温度传感器的检测
① 拆下环境温度传感器,如图3-45所示。

图3-45 拆下环境温度传感器

② 在测量时,传感器温度必须与环境温度相同。根据表 3-4 中的值测量电阻,如果不符合标准电阻,则须更换环境温度传感器。

表 3-4 标准电阻

万用表或检测仪连接	条 件	规 定 状 态
A2-1-A2-2	10℃(50°F)	3.00~3.73kΩ
A2-1-A2-2	15℃(59°F)	2.45~2.88kΩ
A2-1-A2-2	20℃(68°F)	1.95~2.30kΩ
A2-1-A2-2	25℃(77°F)	1.60~1.80kΩ
A2-1-A2-2	30℃(86°F)	1.28~1.47kΩ
A2-1-A2-2	35℃(95°F)	1.00~1.22kΩ
A2-1-A2-2	40℃(104°F)	0.80~1.00kΩ
A2-1-A2-2	45℃(113°F)	0.65~0.85kΩ
A2-1-A2-2	50℃(122°F)	0.50~0.70kΩ
A2-1-A2-2	55℃(131°F)	0.44~0.60kΩ
A2-1-A2-2	60℃(140°F)	0.36~0.50kΩ

十三、液压油温度传感器

1. 液压油温度传感器的作用

液压油温度传感器用于检测液压油的温度,电控单元根据液压油温度信号进行换挡控制、油压控制和锁定离合器控制。

2. 液压油温度传感器的安装位置

液压油温度传感器安装在自动变速器油底壳内的液压阀体上,如图 3-46 所示。

图 3-46 液压油温度传感器的安装位置

图 3-47 液压油温度传感器特性曲线

3. 液压油温度传感器工作原理

液压油温度传感器由负温度系数热敏电阻制成,温度越高,电阻越低,其特性曲线如

图 3-47 所示。电控单元根据电阻变化检测出液压油温度,作为参考信号之一控制自动变速器的换挡过程。

4. 液压油温度传感器与 ECU 的连接电路

液压油温度传感器与 ECU 的连接电路如图 3-48 所示。

图 3-48 液压油温度传感器与 ECU 的连接电路

图 3-49 燃油温度传感器的安装位置

5. 液压油温度传感器的检测

当液压油温度传感器连接线路发生断、短路故障时,电控单元将无法获得液压油温度信号控制自动变速器换挡,使控制系统出现故障。当故障指示灯点亮时,通过人工方法或使用专用仪器可以读取故障码。

当确认液压油温度传感器出现故障时,可拆下传感器,放在烧杯中,加热杯中的水,测量不同温度下的电阻值,其值应符合厂家规定标准值,若电阻值与规定值不符,则须更换液压油温度传感器。

十四、燃油温度传感器

1. 燃油温度传感器的作用

燃油温度传感器向 ECU 提供燃油温度信号。ECU 将根据燃油的温度变化调节供给单体式喷油器的脉宽调制信号,因为燃油随着温度升高而膨胀,将会导致发动机功率降低。温度不同,燃油密度也不相同,另外,此信号也用来控制燃油冷却泵开关接合。

2. 燃油温度传感器的安装位置

不同的燃油控制系统,燃油温度传感器的安装位置是有所差异的,但一般都安装在高压

图 3-50 燃油温度传感器的温度与电阻之间的关系

油路上,如图 3-49 所示。

3. 燃油温度传感器的工作原理

燃油温度传感器是负温度系数热敏电阻,燃油温度升高时,传感器电阻值下降。燃油温度传感器的特性曲线如图 3-50 所示。

4. 燃油温度传感器与 ECU 的连接电路

燃油温度传感器与 ECU 的连接电路如图 3-51 所示。

图 3-51　燃油温度传感器与 ECU 的电路

第三节　热敏铁氧体温度传感器

一、热敏铁氧体温度传感器的作用

热敏铁氧体温度传感器主要是依据冷却液温度信号来控制散热器的冷却风扇工作。

二、热敏铁氧体温度传感器的安装位置

热敏铁氧体温度传感器常安装在散热器冷却水的循环通路上。

三、热敏铁氧体温度传感器的结构

热敏铁氧体温度传感器主要由永久磁铁、舌簧开关、热敏铁氧体等组成,其结构如图 3-52 所示。

图 3-52　热敏铁氧体温度传感器的结构

四、热敏铁氧体温度传感器的工作原理

热敏铁氧体是强磁性材料,当超过某温度时,铁氧体的磁导率急剧下降,即具有从强磁性体向常磁性(弱磁性体)急速转变的性质,这种急变温度称为居里温度。利用居里特性就可以使舌簧开关接通或关闭电路。

当其被磁化时,磁力线通过舌簧开关的触点产生吸引力,使触点闭合,舌簧开关闭合,如图 3-53(a) 所示;当不被磁化时,磁力线平行通过舌簧开关的触点,产生排斥力,使触点

张开,舌簧开关断开,如图 3-53(b) 所示。

(a) 低于工作温度时　　　　　　　　　(b) 高于工作温度时

图 3-53　热敏铁氧体温度传感器的工作原理

五、热敏铁氧体温度传感器的连接电路

在散热器的冷却系统中,当冷却液的温度较高时,热敏铁氧体温度传感器闭合使得冷却风扇的继电器接通,使冷却风扇开始工作;当冷却液的温度较低时,热敏铁氧体温度传感器断开使得冷却风扇的继电器断开,使冷却风扇停止工作,电路如图 3-54 所示。热敏铁氧体的规定温度为 0～130℃。

(a) 热敏开关断开、风扇开始运转　　　　　　(b) 热敏开关闭合、风扇停止运转

图 3-54　散热器的冷却系统工作电路

六、热敏铁氧体温度传感器的检测

当散热器冷却风扇在发动机的冷却液温度值高于规定温度时仍不运转,则说明散热器冷却风扇的工作电路出现故障。若发现热敏铁氧体温度传感器处短路或断路,则应对热敏铁氧体温度传感器进行检测,检测方法如下:

① 将温度传感器拆下,置于玻璃烧杯中并加水进行加热,并用万用表连接好,万用表调至电阻挡。

② 在加热的同时,万用表检查传感器的电阻。当水温低于规定温度时(不同的车型规定温度是不同的,应参照具体车型的参考值),热敏铁氧体温度舌簧开关闭合,传感器导通,万用表指示 0Ω。

③ 在冷却液温度高于规定值时,热敏铁氧体温度传感器舌簧开关断开,传感器不导通,万用表指示电阻∞。否则,说明热敏铁氧体温度传感器已经损坏,应当更换。

第四章 空气流量传感器

第一节 概 述

一、空气流量计的作用

空气流量传感器又称空气流量计,其作用是检测发动机进气量的大小,并将进气量信息通过电路的连接转化为电信号输入给 ECU,以供 ECU 确定喷油量和点火时间。空气流量传感器获得的进气量信号是 ECU 进行喷油控制的主要依据,若其损坏或其电路连接出现故障,则会使发动机的进气量测量不准确,使进入汽缸的混合气过浓或过稀,从而导致 ECU 无法对喷油量进行准确的控制,导致发动机运转不正常,排放超标。

二、空气流量计的安装位置

一般安装在进气管上,如图 4-1 所示。

图 4-1 空气流量计的安装位置

三、空气流量计的种类

空气流量计可分为体积式和质量式,其中体积式的又分为叶片式、卡曼涡流式和量芯式;质量式的分为热线式和热膜式。空气流量计的性能见表 4-1。

表 4-1 空气流量计的性能

项 目	叶片式	卡曼涡流式	量芯式	热线式	热膜式
相应特性	良	良	良	良	良
怠速稳定性	良	良	良	良	良
废气再循环适应性	良	良	良	良	良
发动机性能随时间的变化	优	优	优	优	优
海拔高度修正	有	有	有	有	有
进气温度修正	有	有	有	无	无
安装性	良	良	良	无	无
成本	较高	较高	较高	较高	较高

第二节 叶片式空气流量传感器

一、叶片式空气流量传感器的结构

叶片式空气流量传感器又称翼片式或活门式空气流量传感器。它运用力矩平衡原理和电位器原理制成的机械式传感器,已生产使用多年,具有结构简单、价格便宜、可靠性高的优点,得到广泛的运用。它主要由叶片部分、电位计部分和接线端子三部分组成,其结构如图 4-2 所示。

图 4-2 叶片式空气流量传感器的结构

1. 叶片部分

叶片式空气流量计的叶片部分包括测量叶片和缓冲叶片,两者铸成一体,如图 4-3 所示。测量叶片在主空气道内旋转;缓冲叶片在缓冲室内偏转,对叶片起阻尼作用,当发动机吸入的空气量急剧变化和气流脉动时,减小叶片的脉动。

图 4-3 叶片部分的构造

叶片转轴的下端与空气流量计的壳体相连,上端通过螺旋回位弹簧固定在电位计的调整齿圈上。发动机工作时,空气经过滤清器后进入流量计推动测量叶片,使其旋转开启,开启的角度由进气量的推力大小和回位弹簧的弹力作用决定。进气气流随节气门开度增大而增大,进气气流对叶片的推力随之增大,且当此推力大于回位弹簧的弹力时,叶片开启,且开启的角度随节气门的增大而增大。

在空气流量计主空气道下方设有空气旁通通道，在旁通通道的一侧设有可改变空气量的CO调整螺钉，用于调整发动机怠速时混合气的空燃比。通过对旁通通道面积进行调整，从而使空气流量传感器的输出与目标值保持一致。

2. 电位计部分

电位计位于空气流量传感器上壳体上方，主要由平衡配重、滑臂、回位弹簧、调整齿圈和印刷电路板等组成，其结构如图4-4所示。

图4-4　叶片式空气流量计电位计部分的构造

3. 接线插头部分

叶片式空气流量传感器的接线插头共有7个接线端子，如图4-5所示（以日产和丰田为例），在插头护套上一般标有接线端子名称。

图4-5　叶片式空气流量传感器的电路原理

由图4-5可知，可变电阻的滑臂与叶片转轴相连，滑臂通过导线与接线7#端子连接，故接线7#端子为电压信号输出端。燃油泵控制触点为一个开关触点，它受叶片转轴的控制，当叶片处于静止位置时，燃油泵控制触点断开，燃油泵停止工作，当叶片偏转时，触点闭合，燃油泵工作，这样可防止燃油外溢。

用于测量进气温度的热敏电阻安装在空气流量传感器主空气道的进气口上，用导线分别连接在电位计部分的6#和27#两接线端子上，向外输出不同进气温度的信号。

二、叶片式空气流量传感器的工作原理

当空气通过叶片式空气流量传感器的主通道时，叶片将受到空气气流的压力和回位弹簧的弹力共同作用，空气流量随节气门开度增大而增大，气流压力随之增大，此压力作用在叶片上使其偏转，并使其转角α逐渐增大，直到气流的压力和回位弹簧的弹力保持平衡。与此

同时,电位计的滑臂与叶片转轴同轴旋转,使接线端子"V_c"与"V_s"之间的电阻减小,使其分压电压 U_s 的电压降低;当吸入空气的空气流量减小时,叶片转角 α 减小,接线端子"V_c"与"V_s"之间的电阻增大,U_s 电压升高。叶片式空气流量传感器的工作原理如图4-6所示。发动机电控单元 ECU 根据空气流量传感器输出的 U_s/U_B 电压比值信号,计算空气流量的大小。U_s/U_B 的电压比值与空气流量成反比,其变化关系如图4-7所示。

图4-6 叶片式空气流量传感器的工作原理

图4-7 U_s/U_B 与空气流量的关系

三、叶片式空气流量传感器的检测方法

叶片式空气流量传感器出现故障会导致混合气的空燃比过大或过小使混合气过稀或过浓,直接影响发动机的正常运转及稳定性。

叶片式空气流量传感器的常见故障有:

① 叶片摆动卡滞;

② 电位计滑动触点磨损或腐蚀而使滑动电阻片与触点接触不良;

③ 油泵触点接触不良导致的电动燃油泵供油不稳等。

如果空气流量传感器出现故障需要进行检修时,首先应检测其机械部分是否工作良好。具体方法:用手拨动叶片,使其转动,检查叶片是否运转自如,复位弹簧是否良好,若触点无磨损、叶片摆动平稳、无卡滞和破损,说明其机械部分完好。

第二,应检测传感器的空气流量计各端子与搭铁间的电阻、油泵触点与搭铁间的电阻、进气温度传感器与搭铁端子间的电阻和信号输出电压,检测方法如下。

1. 检测电动燃油泵电阻

用万用表的电阻挡测量电动燃油泵两信号端子间的电阻值,叶片关闭时,应为∞;叶片开启后任一位置都应为0,否则说明发生故障,须更换空气流量计。

2. 检测流量计的电阻

检测流量计的电阻时有静态和动态测量两种方法。静态检测:先关闭点火开关,拔下传感器线束连接插头,用万用表电阻挡测量各端子间的电阻,与标准参考值对比,应该相差不大,否则说明空气流量计有故障。动态检测:开点火开关,拔下传感器各线束连接的插头,用万用表电阻挡测量各端子电阻的同时用螺丝刀拨动叶片,在叶片摆动的过程中,电阻值应连续变化,否则说明有故障,须更换空气流量计。

3. 检测进气温度传感器电阻

用万用表电阻挡测量进气温度传感器的电阻值，应符合标准参考值大小，否则说明有故障，须更换空气流量计。

第三节 卡曼涡流式空气流量传感器

涡流式空气流量传感器是根据卡门涡流理论，利用超声波或光电信号，通过检测涡流频率来测量空气流量的一种传感器。

根据涡流频率的检测方式不同，分为超声波检测式涡流空气流量传感器和光电检测式涡流空气流量传感器两种。

一、超声波式卡曼涡流空气流量计

1. 超声波式卡曼涡流空气流量计的结构

超声波式卡曼涡流空气流量传感器，主要由涡流发生器、超声波发生器、超声波接收器、集成控制电路、进气温度传感器和大气压力传感器组成，见图4-8所示。

图 4-8 超声波式卡曼涡流空气流量传感器的位置与结构

2. 超声波式卡曼涡流空气流量计的工作原理

超声波式卡曼涡流空气流量传感器测量空气流量工作原理如图4-9所示。

图 4-9 超声波式卡曼涡流空气流量传感器工作原理电路

当发动机运转时，超声波发生器发出的超声波通过发射器不断向接收器发出一定频率（40kHz）的超声波。当超声波通过进气气流到达接收器时，由于受到气流移动速度及压力变化的影响，因此，从接收到的超声波信号的相位（时间间隔）以及相位差（时间间隔之差）就会发生变化，控制电路根据相位或相位差的变化就可计算出涡流的频率。

计算进气量的方法：涡流频率信号输入ECU后，ECU就可计算出进气量，见图4-10。

超声波发生器之所以设定40kHz的超声波，这是因为在没有涡流的通道上，发送的超声波与接收到的信号相位和相位差完全相同，如图4-11 (b) 所示。

图 4-10 超声波通过卡曼涡流后的加、减速情况

当进气通道上有涡流时，在接收到的超声波信号中，有的受加速作用而超前，有的受减速作用而滞后，如图4-11(c)、(e) 所示，因此其相位和相位差就会发生变化。集成控制电路在信号相位超前时输出一个正向脉冲信号，在信号相位滞后时输出一个负向脉冲信号，如图4-11(d)、(f) 所示，从而表明涡流的产生频率。

当发动机转速低时，进气量小，因此产生涡流的频率低；反之，当发动机转速高时，进气量大，产生涡流的频率就高。

图 4-11 超声波式卡曼涡流空气流量传感器输出波形图

3. 超声波式卡曼涡流空气流量计与ECU的连接电路

三菱轿车的超声波式卡曼涡流空气流量传感器与ECU的连接电路如图4-12所示。

第四章　空气流量传感器

图 4-12　三菱轿车空气流量传感器与 ECU 的连接电路

4. 超声波式卡曼涡流空气流量计的检测方法

现以三菱轿车为例对其检测方法进行介绍。

由图 4-12 可知，传感器的电源由燃油继电器通过 2#端子提供，4#端子与 ECU 的 14#提搭铁；5#端子是大气压力传感器输出信号，由 16#端子输入 ECU；6#端子与 ECU 的 8#端子相连，ECU 通过 8#端子向传感器内的温度传感器提供 5V 电压；1#端子与 ECU 的 10#端子相连，向 ECU 输入空气流量信号。空气流量的信号电压平均值为 2.2～3.2V。

空气流量计的检测方法如下：

① 点火开关转至"ON"位置，用万用表电压挡测量传感器 1#端子与搭铁间电压，正常应为 5V。

② 点火开关转至"STAR"位置，启动发动机，并使发动机转到 3000r/min，这时再用万用表电压挡测量 1#端子与搭铁间电压，正常应为 2.2～3.2V。

③ 点火开关转至"OFF"位置，用万用表电阻挡测量传感器的 4 号端子与搭铁间电阻，正常应为 0Ω。

如果与上述检测结果不符，则须更换传感器。

二、光电式卡曼涡流空气流量计

1. 光电式卡曼涡流空气流量计的结构

光电式卡曼涡流空气流量计也称为反光镜式卡曼涡流空气流量计，它主要由涡流发生器、发光二极管 LED、光敏三极管、反光镜、张紧带、集成厚膜控制电路和进气温度传感器组成，其结构如图 4-13 所示。

在传感器气流入口处设有蜂窝状整流网栅，其作用是使吸入的空气在涡流发生器上游形成比较稳定的气流，从而保证涡流发生器产生与流速成正比的涡流。涡流发生器用合成树脂与厚膜集成控制电路封装成一体，内部结构如图 4-14 所示。

2. 光电式卡曼涡流空气流量计的工作原理

当进气气流流过涡流发生器时，发生器两侧就会交替产生涡流，两侧的压力就会交替发生变化。进气量越大，涡流数量越多，压力变化频率就越高。导压孔将变化的压力引导到导压腔中，反光镜和张紧带就会随着压力变化而产生振动，振动频率与单位时间内产生的涡流数量（即涡流频率 f）成正比。反光镜将 LED 的光束反射到光敏三极管上，因为光敏三极管受到光束照射时导通，不受光束照射时截止，所以光敏三极管导通与截止的频率与涡流频率成正比。信号处理电路将频率信号转换成方波信号输入 ECU 后，ECU 便可计算出进气流量的大小。

图 4-13 光电式卡曼涡流空气流量传感器的结构

图 4-14 光电式卡曼涡流空气流量传感器剖面图

3. 光电式卡曼涡流空气流量计与 ECU 的连接电路

图 4-15 所示是丰田凌志 LS400 轿车和丰田皇冠 3.0 轿车发动机均采用光电式卡曼涡流空气流量传感器与 ECU 的连接电路。

图 4-15 丰田轿车涡流空气流量传感器与 ECU 的连接电路

4. 光电式卡曼涡流空气流量计的检测

丰田轿车的光电式卡曼涡流空气流量计的检测方法如下。

(1) 静态检测

拆下空气流量传感器线束插头，用万用表测量传感器插座上端子"THA"与"E_2"之间的阻值，检测结果应当符合标准参考值（见表4-2）。若阻值不符，则须更换空气流量计。

表 4-2 丰田轿车涡流空气流量计的检测参数

检测对象	端子名称	检测条件	标准参数	备 注
进气温度传感器	THA-E_2	-20℃	10~20kΩ	—
		0℃	4~7kΩ	—
		20℃	2~3kΩ	—
		40℃	0.9~1.3kΩ	—
		60℃	0.4~0.7kΩ	—
		怠速进气温度20℃	0.5~3.4V	—
空气流量传感器	V_c-E_1	点火开关接通	4.5~5.5V	检测电源电压
	KS-E_1	点火开关接通	4.5~5.5V	检测电源电压
		怠速	2.0~4.0	信号电压跳跃变化

(2) 动态检测

将空气流量传感器线束连接器插好，用万用表直流电压挡测量传感器连接器端子"THA"与"E_2"、"V_c"与"E_1"和"KS"与"E_1"之间的电压，电压值应当符合标准参考值（见表4-2）。若检测结果与标准电压值不符，则应首先检查传感器与ECU之间的线束是否断路；若线束良好，则接下来拔下传感器插头并接通点火开关，检查电源端子"V_c"与"E_1"和信号输入端子"KS"与"E_1"之间的电压是否在4.5~5.5V内，若在则说明ECU工作正常，应当更换空气流量传感器，若不在，则说明ECU有故障，应对ECU进行检修或更换。

第四节 量芯式空气流量传感器

一、量芯式空气流量传感器的结构

量芯式空气流量传感器由翼片式空气流量传感器改进而成，其结构如图4-16所示。由

(a) 外形结构　　　　　　　　(b) 内部结构

图 4-16　量芯式空气流量传感器结构

量芯、电位计、进气温度传感器、线束插座等组成。量芯安装在进气道内并可沿进气道移动，即用量芯代替了叶片式传感器的叶片，电位计滑臂的一端与量芯连接，另一端设有滑臂触点，量芯在进气气流的推动下向后移动时，带动电位计滑动触点在印刷电路板的镀膜电阻上滑动，使进气量的大小转变为电位计电阻的大小，ECU根据电位计电阻的变化或电压的变化来测量进气量的变化。量芯式空气流量传感器没有设置旁道进气道和怠速混合气调整螺钉，发动机怠速时，混合气的浓稀由电子控制单元根据氧传感器的反馈信号进行调整。

二、量芯式空气流量传感器的工作原理

马自达929小轿车采用的量芯式空气流量传感器电路如图4-17所示，其工作原理如下：

图4-17 量芯式空气流量传感器电路

V_c端子为传感器5V参考电压端子，E_2端为搭铁端子，V_s为信号输出端。当发动机进气量增大时，进气道内空气气流对量芯产生的推力增大，气流推力克服复位弹簧的弹力力矩，使量芯移动的距离增大，从而带动电位计滑臂转动的角度增大，传感器"V_s"与"E_2"之间的电阻值减小，输出的信号电压将降低。反之，当发动机进气量减小时，输出的信号电压就会升高。ECU根据传感器信号电压的高低，就可计算出进气量的大小。

三、量芯式空气流量传感器的检测

量芯式空气流量传感器常见故障有：量芯卡滞、移动不灵活，电位计滑动触点磨损或接触不良，量芯回位弹簧的弹性变弱及电位计的电阻不准确等。各种故障对发动机工作的影响如表4-3所示。

表4-3 量芯式空气流量传感器的常见故障及影响

故障部位	对汽油喷射系统的影响	对发动机的影响
量芯移动不灵、卡滞	传感器空气流量信号不正确	发动机功率下降，启动后熄火，运转不平稳，加速不畅，油耗增加
电位计电阻值不准确	传感器空气流量信号不正确	发动机功率下降，运转不平稳，油耗增加
电位计滑动触点磨损或接触不良	传感器空气流量信号时通时断	发动机间断运行或不工作
量芯复位弹簧弹力减弱	喷油量过多	发动机间断运行或不工作

量芯式空气流量传感器的检测方式有单件检测和就车检测两种。

1. 单件检测

关闭点火开关，断开空气流量传感器插头，拆下空气流量传感器。先检查机械部分：检查量芯式空气流量传感器是否开裂，量芯是否发卡等，如有，则需更换。第二步做电气检测：用万用表电阻挡测量量芯式空气流量传感器连接器上各端子之间的电阻值，如果不符合正常值，则应更换量芯式空气流量传感器。在测量空气流量计信号端子V_s与搭铁端子E_2间的电阻时，还需缓慢移动量芯，观察电阻的变化情况：其变化应呈摆动变化；如果电阻忽大忽小，或者间断出现∞的情况，都说明空气流量传感器有故障，需要更换。

2. 就车检测

打开点火开关，拔下量芯式空气流量传感器导线连接器，用万用表电压挡测量V_c与E_2端子间的电压，观察测量电压是否为5V左右，如果相差很大，则为导线或ECU故障，应

检修（更换导线或ECU）。用万用表电阻挡测量空气流量传感器连接器上 THA 与 E_1 端子间和 V_c 与 E_2 端子间的电阻值，应符合标准规定值，否则需更换量芯式空气流量传感器。

检测进气温度传感器热敏电阻端子的电阻方法与负温度系数的温度传感器的一样，在此不再赘述。

第五节 热线式空气流量传感器

热线式空气流量计属质量型流量传感器，能直接测量被发动机吸入空气的质量，不需要温度传感器进行修正，所以精度更高。且它能在短时间内反映空气的流量，响应速度快，无运动组件，进气阻力小，不易磨损，测量范围大，因此被广泛地应用。

一、热线式空气流量传感器的结构

热线式空气流量计按其铂金热线安装位置的不同可分为主流测量方式及旁通测量方式两种。

主流测量方式的热线式空气流量计主要由铂金热线、温度补偿电阻（冷线）、取样管、控制线路板、防护网及连接器等组成，如图 4-18 所示。热线是一根直径约为 0.07mm 的铂金丝，它装在取样管内的支承环上，其阻值随温度变化而变化，当传感器工作时，它能被控制电路提供的电流加热到 120℃ 左右，因此称为热线；取样管由一个热线支承环和两个塑料护套组成，它置于空气流量计主空气道的中央，两端有防护网，防护网通过卡箍固定在流量计的壳体上；温度补偿电阻（冷线）安装在热线附近，且靠近进气口一侧，当传感器工作时，控制电路向其提供一个电流使其温度始终低于热线温度 100℃，这样冷线温度可以起到参考标准的作用，使进气温度的变化不会影响到热线测量进气量的精度；控制线路板上有插座与发动机的 ECU 相连，用于输入信号。

旁通测量方式热线式空气流量传感器与主流测量方式热线式空气流量传感器的主要区别在于，它把铂金热线和温度补偿电阻（冷线）安装在旁通气道上，且热线和补偿电阻用铂丝缠绕在陶瓷螺旋管上，其结构如图 4-19 所示。

图 4-18 主流测量方式的热线式空气流量传感器

图 4-19 旁通测量方式的热线式空气流量传感器

二、热线式空气流量传感器的工作原理

热线式空气流量传感器的工作原理如图 4-20 所示。在进气道上放置一热线 R_H。当空气

图 4-20　热线式空气流量传感器工作原理
A—混合集成电路；R_H—热线电阻；R_K—温度补偿电阻；R_A—精密电阻；R_B—电桥电阻

流经热线时，热线的热量被空气带走，使其冷却。热线周围流过的空气质量越大，被带走的热量越多。热线式空气流量传感器就是利用热线与空气之间的热传递现象，进行空气质量流量测定的。铂金丝由控制电路提供的电流加热到120℃左右，为解决进气温度变化使热线温度发生变化而影响进气量的测量精度，所以在热线附近安置一个温度补偿电阻。该电阻被安置在进气口一侧，它的电阻也随温度变化而变化。当传感器工作时，控制电路向温度补偿电阻提供的电流使温度补偿电阻温度始终低于热线温度10℃。这样温度补偿电阻温度起到参考标准作用，使进气温度的变化不会影响热线测量进气量的精度。

当空气质量增大时，由于空气带走的热量增多，为保持热线温度，集成电路应使热线 R_H 通过的电流增大，反之，则应减小。这样，使通过热线 R_H 的电流随空气质量流量的增大而增大，反之，随空气质量的减小而减小。热线电流 I_H 在 50~120mA 之间变化，大小取决于空气质量流量。热线加热电流给出输出信号，大小为通过惠斯登电桥电路中精密电阻 R_A 上的电压降。在惠斯登电桥的另一端有温度补偿电阻 R_K 和电桥电阻 R_B，为了减少电能消耗，它的电阻值较高，通过的电流仅有几毫安。补偿电阻 R_K 用于测量进气温度。

热线式空气流量传感器有两种自洁方式：一种是当发动机停火时，电路会把热线自动加热至1000℃，以清洁流量计；另一种方式是将热线的保持温度提高，一般保持温度设在200℃以上，以便烧掉黏附的污物。

三、热线式空气流量传感器与 ECU 连接电路

现以日产千里马轿车发动机的热线式空气流量传感器与 ECU 连接电路为例，对此类型流量计的电路连接（如图 4-21 所示）进行介绍。

在图 4-21 中，热线式空气流量传感器上各端子字母所代表的作用见表 4-4。

表 4-4　热线式空气流量传感器上各端子的功能

端　子	功　　能
E 端子	蓄电池供电电压输入端，一般为 12V
B 端子	热线式空气流量传感器信号输出端，输出的信号提供给微电脑集中控制装置 ECCS 作控制检测信号
D 端子	为热线式空气流量传感器搭铁端
F 端子	自清信号输入端，信号来自 ECCS 控制电路。每当点火开关关闭后，ECCS 通过 F 端子向传感器输入一个自清信号，使传感器内的加热电阻丝在 5s 内升温至 1000℃ 左右，并保持 1s 时间后停止，以便将残留在热线上的污垢和油渍等烧掉，保证传感器的准确性
A 端子	调整 CO(一氧化碳)的可变电阻输出端子。

四、热线式空气流量传感器检测

现以日产千里马轿车发动机的热线式空气流量传感器为例对此类型流量计的检测方法进行说明，其他车型装用的热线式空气流量传感器接线及电路结构与此基本相同，检测方法差

别不大。日产千里马轿车发动机的热线式空气流量传感器与ECU（图4-21中的ECCS）的连接如图4-21所示。此传感器的检测方法分为开路检测和在路检测两种。

图4-21　热线式空气流量传感器与ECU的连接电路

1. 开路检测

① 清除空气流量传感器外部的尘垢，拔下其线束插头，拆下空气流量传感器。

② 外观检查：对空气流量传感器进行外观检查，检查其护网有无堵塞或破裂，并从进口处查看铂丝热线是否脏污或折断。

③ 静态检查（如图4-22所示）：将蓄电池正极与空气流量传感器插座内的E端子相接，负极与插座内的D端子相接，并将万用表置于10V直流电压挡，两表笔测量插座的B、D两端子间的电压，其值应为（1.6±0.5）V。如果不符合，则说明传感器有损坏，须修理或更换传感器。

图4-22　静态测量热线式空气流量传感器接线图　　图4-23　动态测量热线式空气流量传感器接线图

④ 动态检查（如图4-23所示）：保持③接线状态不变，用电风扇向空气流量传感器进口吹入空气的同时，用电压表测量B、D端子间的电压，正常值应为2~4V。如果测得值与规定值不符，应更换空气流量传感器。

2. 在路检测

① 打开点火开关，不启动发动机。用万用表电压挡测量插座内E端子与D端子之间的电压，应为12V左右。

② 如果测量E端子与D端子间无电压，再测量E端子与C端子之间的电压，其值若为12V，则说明D端子搭铁不良，应检查D端子与ECCS端子之间的导线或ECCS的搭铁线是否良好。

③ 测量B端子与D端子之间的电压，应为（1.6±0.5）V。启动发动机，测量B端子与D端子之间的电压，应在2~4V之间变化。

④ 检查自洁电路有直观检查和万用表测量两种方法，具体操作如下。

a. 直观检查法。

ⅰ. 启动发动机，并使其以 2500r/min 以上的转速运转。

ⅱ. 使发动机怠速运转，拆下空气滤清器和空气流量传感器进口处的管道。

ⅲ. 关闭点火开关，从空气流量传感器进口部位查看空气流量传感器内的铂丝热线是否在熄灭 5s 内被加热至发出红光，并持续 1s 时间。

b. 万用表测量法。

ⅰ. 使发动机冷却液温度上升至 60℃ 以上，发动机转速超过 1500r/min。

ⅱ. 将万用表 10V 直流挡的两表笔接在插座的 F 端子与 D 端子之间。

ⅲ. 关闭点火开关，万用表上的电压指示值应回零并在 5s 后又跳跃上升，1s 后再回到零。

如果万用表检测或直观检查结果与以上要求不符，且进一步检查微电脑与空气流量传感器连接导线均无问题的话，则应更换新的空气流量传感器。

第六节
热膜式空气流量传感器

一、热膜式空气流量传感器的结构

热膜式空气流量传感器是热丝式传感器的改进产品，其发热元件采用平面形铂金属膜电阻器，故称热膜电阻。热膜电阻的制作方法是：首先在氧化铝陶瓷基片上采用蒸发工艺淀积金属薄膜，然后通过光刻工艺制作成梳状图形电阻，将电阻值调节到设计要求的阻值后在其表面覆盖一层绝缘保护膜，再引出电极引线而制成。

热膜式空气流量计的结构如图 4-24 所示。

图 4-24　热膜式空气流量计的结构

在传感器内部的进气通道上设有一个矩形护套（相当于取样套），热膜电阻设在护套中（图 4-25）。为了防止污物沉积到热膜电阻上影响测量精度，在护套的空气入口一侧设有空气过滤层，用以过滤空气中的污物。为了防止进气温度变化使测量精度受到影响，在热膜电阻附近的气流上游设有铂金属膜式温度补偿电阻。温度补偿电阻和热膜电阻与传感器内部控制电路连接，控制电路与线束连接器插座连接，线束设在传感器壳体中部。与热丝式流量传感器相比，热膜电阻的阻值较大，所以消耗电流较小，使用寿命较长。但是由于其发热元件表面制作有一层保护薄膜，存在辐射热传导作用，因此响应特性稍差。

图 4-25 热膜式空气流量传感器的内部元件示意图

二、热膜式空气流量传感器的工作原理

在热膜式流量传感器中，采用了恒温差控制电路来实现流量检测。恒温差控制电路如图 4-26 所示，发热元件电阻 R_H 和温度补偿电阻（进气温度传感器）R_T 分别连接在惠斯登电桥电路的两个臂上。当发热元件的温度高于进气温度时，电桥电压才能达到平衡，并由具有电流放大作用的控制电路 A 控制加热电流（50~120mA）来使发热元件温度 T_H 与补偿电阻温度升之差保持恒定（即 $\Delta T = T_H - T_T = 120℃$）。

(a) 电路连接　　(b) 电桥电路

图 4-26　热膜式流量传感器电路原理

R_T—温度补偿电阻（进气温度传感器）；R_H—发热元件（热丝或热膜）电阻；R_s—信号取样电阻；R_1，R_2—精密电阻；U_{cc}—电源电压；U_s—信号电压；A—控制电路

当空气气流流经发热元件并使其受到冷却时，发热元件温度降低，阻值减小，电桥电压失去平衡控制电路将增大供给发热元件的电流，使其温度保持高于温度补偿电阻温度 120℃。电流增量的大小，取决于发热元件受到冷却的程度，即取决于流过传感器的空气量。当电桥电流增大时，取样电阻 R_s 上的电压就会升高，从而将空气流量的变化转化为电压信号 U_s 的变化。输出电压与空气流量之间近似于 4 次方根的关系特征曲线如图 4-27 所示。信号电压输入 ECU 后，ECU 可根据信号电压的高低计算出空气质量流量 Q_M 的大小。

当发动机怠速或空气为热空气时，因为怠速时节气门关闭或接近全闭，所以空气流速低，空气量少；又因空气温度越高，空气密度越小，所

图 4-27　热膜式空气流量传感器输出特性曲线

以在体积相同的情况下,热空气的质量小,因此发热元件受到冷却的程度小,阻值减小的幅度小,所以电桥平衡需要的电流小,故取样电阻上的信号电压低。控制单元 ECU 根据信号电压即可计算出空气量。

当发动机负荷增大或空气为冷空气时,因为节气门开度增大,空气流速加快使空气流量增大;而冷空气密度大,在体积相同的情况下冷空气质量大,所以发热元件受到冷却的程度增大,阻值减小幅度大,保持电桥平衡需要的电流增大,如图 4-28 所示。因此,当发动机负荷增大时,信号电压升高。

(a) 怠速或热空气时　　(b) 负荷增大或冷空气时

图 4-28　热膜式空气流量传感器测量原理

三、热膜式空气流量传感器与 ECU 的连接电路

大众轿车上使用的热膜式空气流量传感器与 ECU 的连接电路如图 4-29 所示。热膜式空气流量传感器的连接器插头各端子的含义如表 4-5 所示。

图 4-29　热膜式空气流量传感器与 ECU 的连接电路

表 4-5　热膜式空气流量传感器的连接器插头各端子的含义

空气流量传感器5芯插头各端子号	含　义	空气流量传感器5芯插头各端子号	含　义
1	空	4	5V 电源
2	12V 电源	5	正信号线
3	负信号线		

四、热膜式空气流量传感器的检测

桑塔纳 2000GSi、捷达 GT、GTX 轿车发动机均使用同一种热膜式空气流量传感器计量发动机的进气量,现以其为例进行介绍。对此热膜式空气流量传感器的检测可从电源电压、

信号电压及线束的导通性几个方面进行，具体方法如下。

1. 电源电压检测

关闭点火开关，拔下空气流量传感器的插头，启动发动机。先用万用表电压挡测量插头的 2 端子与搭铁间的电压值，标准值应为 12V。再用万用表电压挡测量插头 4 端子与搭铁间的电压值，标准值应为 5V。见图 4-30。

2. 信号电压检测（单件检测）

关闭点火开关，拆下空气滤清器，打开点火开关，但不启动发动机。用万用表的电压挡测量空气流量传感器插头中的 5 端子（正信号线）与 3 端子（负信号线）之间的电压值，见图 4-30。用红表笔插入空气流量传感器 5 号端子中，黑表笔插入 3 号端子中。

图 4-30　电源电压检测

然后用电吹风（冷风挡）向流量传感器空气入口吹气，观察信号电压的变化值（标准值：2.0～4.0V）。如果信号电压不变化，则说明空气流量传感器失效，须更换。

3. 检测线束导通性（断路）

用万用表电阻挡检测热膜式空气流量传感器线束导通性的方法如下（见图 4-31）：关闭点火开关，拔下电控单元 ECU 的线束连接器，用万用表电阻挡检测线束插头 3 端子与 ECU 连接器的 12 端子间的电阻值，标准值应小于 1Ω。用万用表电阻挡检测线束插头 4 端子与 ECU 连接器的 11 端子间的电阻值，标准值应小于 1Ω。用万用表电阻挡检测线束插头 5 端子与 ECU 连接器的 13 端子间的电阻值，标准值应小于 1Ω。

图 4-31　检测热膜式空气流量传感器线束的导通性

4. 检测线束内的导线间电阻

检测热膜式空气流量传感器导线间的电阻，从而判断导线间是否短路，方法如下。

关闭点火开关，拔下空气流量计的插头和电控单元的线束连接器，用万用表电阻挡检测流量传感器插头 2 端子与 ECU 连接器的 11 端子间的电阻值，标准值为∞。用万用表电阻挡检测流量计插头 2 端子与 ECU 连接器的 12 端子间的电阻值，标准值为∞。用万用表检测流量计插头 2 端子与 ECU 连接器的 13 端子间的电阻值，标准值为∞。用万用表电阻挡检测流量计插头 4 端子与 ECU 连接器的 12 端子间的电阻值，标准值为∞。用万用表检测流量计插头 4 端子与 ECU 连接器的 13 端子间的电阻值，标准值为∞。用万用表检测流量计插头 5 端子与 ECU 连接器的 11、12 端子间的电阻值，标准值为∞。如果检测不符上述标准值，则说明导线间存在断路，须更换空气流量计的线束。

第五章 压力传感器

第一节 进气歧管压力传感器

一、进气歧管压力传感器的作用

进气歧管压力传感器（也称进气压力传感器或 MAP）用在 D 型汽油喷射系统中，根据发动机的负荷测出进气歧管内压力的变化，并通过电路的连接转化为电信号和转速信号一起输入给 ECU，作为确定喷油器喷油量的基本依据。

二、进气歧管压力传感器的安装位置

进气歧管压力传感器大多安装在汽车发动机的进气歧管上，也有少部分安装在汽车发动机 ECU 的控制盒内或发动机的驾驶室内。

进气压力传感器的种类较多，按其信号的产生原理可以分为电压型和频率型两种。电压型又可分为半导体压敏电阻式（电阻应变计式）和膜盒传动可变电感式；频率型的可分为电容式和表面弹性波式。其中以半导体压敏电阻式应用最多。

三、半导体压敏电阻式进气压力传感器

1. 半导体压敏电阻式进气压力传感器的结构

半导体压敏电阻式进气压力传感器是利用半导体的压阻效应的原理制成的。主要由硅膜片、真空室、硅杯、底座、真空管接头和引线电极组成，其内部结构如图 5-1 所示。

硅膜片是用单晶硅制成的压力转换元件，其长和宽各为 3mm，厚度为 160μm，在硅膜片的中心部位用腐蚀方法制作了一个直径为 2mm、厚度为 50μm 的薄膜片，在薄膜片表面的圆周上，采用集成电路加工和台面扩散技术制作了 4 只阻值相等的应变电阻，如图 5-2(a) 所示，并将 4 只电阻连接成惠斯顿电桥电路，如图 5-2(b) 所示，然后再与传感器内部的温度补偿电阻和信号放大电路等混合集成电路连接。

图 5-1 半导体压敏电阻式进气压力传感器的结构

2. 半导体压敏电阻式进气压力传感器的工作原理

半导体压敏电阻的工作原理如图 5-3 所示。硅膜片一面通真空室，一面承受来自进气歧

(a) 结构　　　　　　　　　　　(b) 等效电路图

图 5-2　硅膜片结构及等效电路图

管中气体的压力，在此气体压力的作用下，硅膜片会产生变形，且压力越大变形越大，膜片中应变电阻的阻值在此压力的作用下就会发生变化，使传感器上以惠斯顿电桥方式连接的硅膜片应变电阻的平衡被打破，当电桥的输入端输入一定的电压或电流时，在电桥的输出端便可得到相应变化的信号电压或信号电流，因为此信号比较微弱，故采用了混合集成电路进行放大后输入给 ECU。

由于压阻效应式歧管压力传感器的功能部件是硅膜片和应变电阻，其工作参数取决于作用于膜片上的压力大小，因此传感器的取样压力应从压力波动较小的部位选取（见图 5-3）。

图 5-3　半导体压敏电阻的工作原理

3. 半导体压敏电阻式进气压力传感器的检测

半导体压敏电阻式进气压力传感器由于其体积小，精度高，响应性、再现性和抗振性较好。稳定性较好，不易损坏，因此应用较广泛。如果它出现故障，会导致发动机怠速不良、启动不易和启动后熄火等现象。如果车辆在运行过程中出现上述现象，则应对此传感器及相关电路和元件进行检测，检测方法如下。

（1）检测 ECU 的供电电压

拔下传感器的连接器插头，接通点火开关（但不启动发动机），用万用表测量连接器插头电源端和接地之间的电压（电路中的 UC♯ 与 E2♯ 端子，如图 5-3 所示），正常值应在 4～

6V之间；如果无电压，应检测ECU相应端子间的电压；如果正常，则是传感器与ECU间连接线路发生故障，如果仍无电压，则是ECU发生故障。

（2）检测进气压力传感器的输出电压

拔下进气压力传感器与进气歧管连接的真空软管，打开点火开关（不启动发动机），用电压表测量进气压力传感器的输出电压（电路中的PIM端子与E2端子，如图5-3所示）。接着向进气压力传感器内施加真空，并测量在不同真空度下的输出电压，该电压值应随真空度的增大而降低，其变化情况应符合规定，否则应更换进气压力传感器。

四、真空膜盒式进气压力传感器

1. 真空膜盒可变电阻器式进气压力传感器的结构与原理

真空膜盒可变电阻器式进气压力传感器的结构如图5-4所示。它利用操纵杆的移动使电位计滑动臂的滑动触点左右移动，从而改变可变电阻的输出电阻值，进而改变输出的电压的大小。当进气压力较大时的，膜盒收缩，操纵杆回缩，使电位计的滑动触点向上移动，从而增大了分压电压的大小，即增大了输出电压值；反之，则膜盒膨胀，输出电压减小。

图5-4　真空膜盒可变电阻器式进气压力传感器的结构　　图5-5　真空膜盒可变电感式进气压力传感器的结构

2. 真空膜盒可变电感式进气压力传感器的结构与原理

真空膜盒可变电感式进气压力传感器的结构如图5-5所示。它利用操纵杆的外伸或回缩移动，带动与其相连的铁芯移动，从而使两互感线圈W1和W2之间的互感系数发生变化，进而改变输出电压的大小。其中互感线圈的互感系数与两线圈的耦合情况相关，耦合越紧，输出电压越大。因此，进气压力增大时，膜片回缩，铁芯向两线圈中间运动时，耦合变紧，输出电压增大；反之，则膜片膨胀，输出电压减小。

3. 真空膜盒差动变压器式进气压力传感器的结构与原理

真空膜盒差动变压器式进气压力传感器主要由膜盒、铁芯、传感线圈、弹片以及电路组成，如图5-6所示。

传感器线圈由一次绕组和二次绕组两个绕组构成，如图5-7所示。一次绕组与振荡电路连接，产生交变电压，并在线圈周围产生磁场；二次绕组为两个感应线圈，产生感应信号电压。当交流电通过一次绕组线圈时，两个二次绕组线圈都产生感应电压。当铁芯在中心位置时，两个二次绕组的感应电压大小相等，方向相反，传感器的输出电压为零。当铁芯从中间向一端移动时，一个二次绕组输出的电压将大于另一个二次绕组，这两个二次绕组的电压差e_s（输出信号电压），其大小由铁芯移动距离决定。

当进气歧管压力发生变化时，膜盒的外伸与回缩带动铁芯在磁场中移动，使感应线圈产生的信号电压发生变化，这个变化的信号电压经电子电路检波、整形和放大后，输入电控单元ECU。

图 5-6 真空膜盒差动变压器式进气压力传感器的结构

图 5-7 传感绕组及铁芯的结构

4. 真空膜盒式进气压力传感器的检测方法

真空膜盒式进气压力传感器的常见故障是真空软管连接不牢、破裂以及感应线圈断路、短路等。检测时应注意这种进气压力传感器是用 12V 电源工作，所以检测时不要拔下电源线插头。

(1) 检查电源电压

关闭点火开关，拔下传感器连接器插头，在电源线插头一侧接万用表，打开点火开关，电压表应显示 12V，否则应检查电源线是否存在断、短路。

(2) 检查输出信号电压

连接好传感器插头，打开点火开关，将万用表红表笔与信号端子接触，将黑表笔搭铁，在真空软管上加大气压时，信号电压应为 1.5V；对真空软管吸气时，电压应从 1.5V 慢慢减小；发动机怠速时，电压应为 0.4V，当发动机转速升高时，输出电压值也升高；否则说明传感器或相关线路出现故障，应进行更换。

五、电容式进气压力传感器

1. 电容式进气压力传感器的结构与原理

电容式进气压力传感器是将氧化铝膜片和底板彼此靠近排列，形成电容，利用电容随膜片上下压力差的变化而改变的性能，获取与压力成正比的电容值信号，其结构如图 5-8 所示。将电容（压力转换元件）连接到传感器混合集成电路的振荡电路中，传感器能够产生可变频率的信号，且该信号的输出频率（约为 80～120Hz）与进气歧管的绝对压力成正比。

ECU可以根据传感器输入信号的频率来检测进气歧管的绝对压力的大小，进而对发动机的喷油量进行控制。

图 5-8 电容式进气压力传感器的结构

2. 电容式进气压力传感器的检测

电容式进气压力传感器在汽车上的应用还不是很普遍，只要福特等少数轿车的 D 型喷射发动机上使用。如果电容式进气压力传感器或其连接电路发生故障，也可从电源电压、信号电压、传感器与电源间连接线束的导通性去检测，具体的车型需参考各自的参数标准值。同时也可用汽车专用万用表对此进气压力传感器进行频率测试，测试方法是：

打开点火开关，但不启动发动机，进气压力传感器输出信号的频率约为 160Hz；减速时频率为 80Hz 左右；怠速时频率为 105Hz 左右；若进气压力输出信号消失或者超出规定标准值（频率小于 80Hz 或大于 160Hz），则说明此传感器已失效，应进行检修或更换。

第二节　其他气体压力传感器

一、大气压力传感器

1. 大气压力传感器的作用

大气压力传感器用于检测大气压力的变化，并将变化的压力信号输入给 ECU，实现 ECU 对喷油量和点火时间的修正。

2. 大气压力传感器的安装位置

大气压力传感器一般安装在空气流量计内或 ECU 内部或前保险杠内，如图 5-9 所示。

3. 大气压力传感器的结构与工作原理

大气压力传感器与半导体压敏电阻压力传感器的制作原理类似，也是采用集成电路与微加工技术，在一块半导体基片（硅片）上形成压力传感器、温度补偿电路和放大电路。在硅片的中间，从反面经异向腐蚀形成了一个正方形的膜片（利用膜片将压力变换成应力），在膜片的表面，通过扩散杂质形成 4 个 P 型的测量电阻，以惠斯顿电桥方式连接，如图 5-10 所示。利用膜片的压阻效应将加在膜片上的压力变换成电阻的变化，此电阻通过桥式电路之后，在输入端输入一个电源电压后在输出端会输出一个可变的电压信号。膜片的里面与硅杯之间设计成真空腔，用于缓和内部的应力，并以此真空腔的压力为基准来测量大气压力。

4. 大气压力传感器与 ECU 的连接电路

三菱轿车大气压力传感器与 ECU 的连接电路图如图 5-11 所示。大气压力传感器的变化

图 5-9　大气压力传感器的安装位置

电压信号由 16♯端子输入 ECU，ECU 根据该信号电压对喷油量进行修正。ECU 的 13♯和 23♯端子并联及 14♯和 24♯端子并联，以减少接触电阻，提高测量精度。

图 5-10　大气压力传感器的检测电路

图 5-11　三菱轿车大气压力传感器
与 ECU 的连接电路图

5. 大气压力传感器的检测

以三菱轿车大气压力传感器为例，说明大气压力传感器的检测内容。它与 ECU 的连接电路如图 5-11 所示。此传感器及其电路的检测方法如下。

(1) 检查搭铁情况

拆下大气压力传感器与 ECU 间的连接插头，测量 ECU 侧 14♯端子与搭铁间的电阻值，正常应为零，否则应检查 ECU 的搭铁情况。

(2) 检查各端子间的电压值

打开点火开关，测量 ECU 侧的 23♯端子与搭铁间的电压，正常应为 5V。测量传感器信号输出端 16♯端子输出的信号电压，正常应为 3.5～4.2V。

经检查，若不在规定范围内，应检查线路连接情况，若线路连接情况良好，则应更换大气压力传感器。

二、涡轮增压传感器

涡轮增压传感器是以硅膜片上形成的扩散电阻作为传感元件，用于检测涡轮增压机的增压压力，以便对喷射脉冲进行修正和对增压压力进行控制。

日产 VQ30DET 发动机上的涡轮增压系统（见图 5-12）中就运用了涡轮增压传感器。在急速、水温超过 115℃或水温传感器系统异常时，增压控制电磁阀断开，旋启阀控制器的膜片承受实际增压压力，增加排气的旁通量，增压压力下降；相反，当增压控制电磁阀闭合时，减少排气的旁通量，使增压压力升高。此外，如果增压压力异常升高，增压传感器的输出电压超出一定数值，系统燃油将被切断。

图 5-12 涡轮增压系统
1—曲轴位置传感器；2—水温信号；3—进气量信号；4—氧输出信号

三、绝对压力型高压传感器

绝对压力型高压传感器用于检测悬架系统的油压，它是耐高压结构的压力传感器，内部装有放大电路、温度补偿电路及与压力媒体接触的不锈钢膜片。绝对压力型高压传感器大部分为硅膜片式，即在硅膜片上形成扩散电阻而制成的传感元件，其结构如图 5-13 所示。

图 5-13 绝对压力型高压传感器的结构

四、相对压力型高压传感器

相对压力型高压传感器用于检测汽车空调系统的冷媒压力，并将检测到的冷媒压力信号传送给空调电脑。传感器内部装有放大电路和温度补偿电路，安装在空调系统的高压管道上，其结构及特性如图 5-14 所示。

五、轮胎压力传感器

1. 轮胎压力传感器的作用

轮胎压力传感器将轮胎的实时压力信息（绝对压力测量）发送给轮胎压力监控控制单元，用以评估压力情况。

2. 轮胎压力传感器的安装位置

轮胎压力传感器安装在轮胎和轮毂间，如图 5-15 所示。

(a) 结构　　(b) 特性

图 5-14　相对压力型高压传感器的结构及特性图

图 5-15　轮胎压力传感器的安装位置

3. 轮胎压力传感器的结构

轮胎压力传感器主要由发射天线、压力和温度传感器、测量和控制电子装置、电池等构成，其结构如图 5-16 所示。

温度信号用于补偿因温度改变而引起的压力变化，同时还用于自诊断。当温度高于某一限定值时，传感器就停止发送无线电信号。温度补偿由轮胎压力监控控制单元来进行，测出的轮胎压力以 20℃时的值为标准值。

根据各国情况的不同，现在使用两种不同的载波频率。大多数国家使用 433MHz 的载波频率。少数国家（如美国）使用 315MHz 的载波频率。一个封闭系统内的空气压力变化与温度是成比例的。正常情况下，温度每变化 10℃，压力变化约 0.1bar（1bar＝10^5Pa）。

传感器、天线和控制单元上打印有相应的载波频率，另外从零件号上也可看出用的是哪

图 5-16 轮胎压力传感器的结构

种载波频率。只有系统部件都使用相同的载波频率时,轮胎压力监控系统才能正常工作。输入"存储压力"后,轮胎充气压力就被标准化为 20℃时的值。

六、负压传感器

空气滤清器负压传感器由负压测压孔、橡胶膜片、校准弹簧、顶杆、弹性开关、电缆接头和壳体组成。

橡胶膜片左侧作用着滤清器出口负压和弹簧弹力,膜片右侧通过顶杆顶开弹性开关。当滤清器出口负压减小到规定值时,膜片顶力减小,使传感器内的弹性开关触点接通信号电路,点亮警告灯。

在发动机运转时,进气歧管内的气压产生脉动,但弹性感应元件能够吸收一定程序的脉动,故对传感器的工作特性影响不大。

七、燃烧压力传感器

压电陶瓷型燃烧压力传感器(见图 5-17)用于测量汽缸内混合气燃烧压力,因为在高温高压下测量,所以要求燃烧压力传感器耐高温、耐高压,还应具有抗振动和抗安装变形等特点。

图 5-17 压电陶瓷型燃烧压力传感器

图 5-18 硅应变片型燃烧压力传感器

硅应变片型燃烧压力传感器(见图 5-18)主要用在稀薄燃烧发动机上,用于控制稀薄燃烧极限,而且燃烧压力传感器只用来控制第一缸。

第三节 液体压力传感器

一、发动机机油压力传感器

1. 发动机机油压力传感器的结构与原理

向 ECU 通报发动机机油主油道的压力,当机油压力低于期望值时,ECU 将启用降低发动机转速和功率的保护功能,来调节发动机的转速和功率。当感测到危机的机油压力时,ECU 将使仪表板上的红色报警灯闪亮,向驾驶员发出报警信号,有些发动机或汽车还可能伴有蜂鸣声。如果 ECU 设有停机保护功能,当机油压力低于限值 30s 后会使发动机自动停机,有些系统可能还设有手动延时按钮,按下该按钮后,发动机的运转时间将延长 30s,以便驾驶员能够将汽车安全地停靠到路边。

机油压力传感器通常通过螺纹拧入缸体的油道内,其内有一个可变电阻,一端输出信号,另一端和搭铁的滑动臂连接。当油压增高时,压力通过润滑油道接口推动膜片弯曲,膜片推动滑动触臂移动到低电阻位置,输出电流增大;油压降低时,情况正好相反,如图5-19所示。

图 5-19 机油压力传感器

2. 发动机机油压力传感器的检测

打开点火开关,但不启动发动机,拔下机油压力传感器的插头,用万用表检测机油压力传感器接头与搭铁线之间的电阻值,在发动机启动后,油压达到 20kPa 以上时,再对其电阻值进行测量,其阻值应变小,否则说明此传感器已损坏,应进行更换。

二、发动机机油压力开关传感器

1. 发动机机油压开关的结构

发动机机油压力开关用于检测发动机有无机油压力,它由膜片、弹簧及触点组成,如图 5-20 所示。

图 5-20 发动机机油压力开关的结构

2. 发动机机油压开关的工作原理

当无机油压力作用时,弹簧推动膜片,触点处于(ON)闭合状态;当机油压力达到规定值时，膜片克服弹簧作用力，使触点断开（OFF），油压开关特性如图 5-21 所示。

油压指示灯安装在组合仪表里，压力开关安装在发动机润滑油路上。压力开关内有受油压作用而动作的膜片及受油压作用而动作的触点，油压指示器的工作原理如图 5-22 所示。

图 5-21　油压开关特性　　　　　图 5-22　油压指示器的工作原理

当油压高于规定值时，膜片推起弹簧，触点分开，指示灯熄灭，这时驾驶员应当知道油压已达到规定值；当油压低于规定值时，膜片不具有推动弹簧的作用力，触点闭合，指示灯亮。在正常情况下，触点动作压力在 30～50kPa 范围。

3. 发动机机油压开关的检测

打开点火开关，机油压力指示灯应亮。如果这是指示灯不亮，其故障原因可能是油压指示灯线束脱落，或者是熔断器已熔断，或者灯丝已熔断。

发动机启动后，机油压力已达规定值，指示灯仍点亮，故障原因可能是触点开关动作不良，线束搭铁。

三、制动液压力传感器

1. 制动液压力传感器的作用

制动液压力传感器向发动机控制单元提供制动管路内的实际压力信号。发动机控制单元根据这个压力信号计算出车轮制动力及作用在车上的纵向力。如果需要 ESP 工作，控制单元会将此值用于计算侧导向力。

2. 制动液压力传感器的安装位置

制动液压力传感器的安装位置如图 5-23 所示。

图 5-23　制动液压力传感器的安装位置　　　图 5-24　制动液压力传感器的结构

3. 制动液压力传感器的结构与工作原理

制动液压力传感器的核心部件有两个：一个是压电元件，制动液的压力就作用在其上；另一个是传感器电子元件。它的结构如图 5-24 所示。

如果制动液的压力作用到压电元件上，那么该元件上的电荷分布就会改变。

如果没有压力作用，电荷分布是均匀的，如图 5-25(a) 所示；如有压力作用时，电荷分布在空间发生变化，这样就产生了电压，如图 5-25(b) 所示。压力越大，电荷分离的趋势越强，产生的电压就越高。这个电压由电子装置放大，然后作为信号传给控制单元。传感器输出的电压高低就是制动压力大小的直接反应。

图 5-25 制动液压力传感器工作原理

四、蓄压器压力传感器

1. 蓄压器压力传感器的作用

蓄压器压力传感器用于检测牵引力控制系统（TRC）蓄压器油液压力。

2. 蓄压器压力传感器的安装位置

蓄压器压力传感器一般安装在油压控制组件的上方，如图 5-26 所示。

图 5-26 蓄压器压力传感器的安装位置

3. 蓄压器压力传感器的结构与工作原理

蓄压器压力传感器主要由压力检测部分、电路部分等组成，压力检测部分以一导体压敏元件为测量元件。当油液压力低时，它向 ECU 输入低油压信号，启动油泵并使之运转；当油液压力过高时，它输入 ECU 一个高油压信号，油泵停止工作（见图 5-26）。

4. 蓄压器压力传感器与 ECU 的连接电路

雷克萨斯 LS400 轿车蓄压器压力传感器与 ECU 的电路连接如图 5-27 所示。

图 5-27　蓄压器压力传感器与 ECU 的连接电路图

5. 蓄压器压力传感器的检测

这里以雷克萨斯 LS400 轿车上的蓄压器压力传感器为例介绍其检测方法。具体方法如下：

（1）电源电压检查

① 拆下 ABS 和 TRC 的 ECU，但不断开线束连接器。

② 点火开关旋到"STAR"位置，启动发动机，使怠速运转半分钟，使 TRC 执行器油压升高。

③ 关闭发动机，点火开关旋到"ON"位置，用万用表测量 ECU 连接器 PR 端子与 E2 间的电压，电压应为 5V，如图 5-28 所示。

④ 检查后应向储油室内加油。

（2）压力开关检测

① 拆下压力开关导线连接器，测量压力开关（传感器）连接器 1♯ 与 2♯ 端子之间的电阻，应为 0。

② 接好连接器，启动发动机，使之怠速运转半分钟，以使 TRC 执行器压力升高。

③ 关闭发动机，点火开关旋到"ON"位置，测量连接器 1♯ 与 2♯ 端子的电阻，应为 1.5kΩ。如果不符合上述结果，则应更换 TRC 执行器。

图 5-28　蓄压器压力传感器电源电压的测量

五、共轨燃油压力传感器

共轨压力传感器以足够的精度，在相应较短的时间内，测定共轨中的实时压力，并向 ECU 提供电信号。共轨压力传感器安装在共轨上，见图 5-29。

图 5-30(a) 是博世公司共轨压力传感器的结构，图 5-30(b) 是日本电装公司 ECD-U2 型电控共轨系统压力传感器的结构和特性曲线。

共轨压力传感器主要由压力敏感元件（焊接在压力接头上）、带求值电路的电路板和带电气插头的传感器外壳等组成。

图 5-29 共轨压力传感器的安装位置

(a) 博世公司共轨压力传感器的结构　　(b) 日本电装公司共轨压力传感器

图 5-30 共轨压力传感器结构

燃油经一个小孔流向共轨压力传感器，传感器的膜片将孔的末端封住。高压燃油经压力室的小孔流向膜片。膜片上装有半导体型敏感元件，可将压力转换为电信号。通过连接导线将产生的电信号传送到一个向 ECU 提供测量信号的求值电路。

共轨压力传感器的工作原理是：当膜片形状改变时，膜片上涂层的电阻发生变化。这样，由系统压力引起膜片形状变化（150MPa 时变化量约 1mm），促使电阻值改变，并在用 5V 供电的电阻电桥中产生电压变化。电压在 0～70mV 之间变化（具体数值由压力而定），经求值电路放大到 0.5～4.5V。精确测量共轨中的压力是电控共轨系统正常工作的必要条件。为此，压力传感器在测量压力时允许变差很小。

六、空调制冷剂压力传感器

1. 空调制冷剂压力传感器的作用

空调制冷剂压力传感器用于检测制冷剂压力，并将制冷剂压力信号发送至空调放大器。空调放大器根据传感器特性将该信号转换为压力，以控制压缩机。

在大众轿车的某些车型上所运用的为空调制冷剂压力/温度传感器。空调制冷剂压力/温度传感器将制冷剂压力与制冷剂温度信号送到控制单元。这两个信号用于：①控制散热器风扇；②控制压缩机；③检测制冷剂的损耗。

2. 空调制冷剂压力传感器的安装位置

空调制冷剂压力传感器一般安装在高压管上。大众轿车上的空调制冷剂压力/温度传感器传感器位于发动机舱内压缩机与冷凝器之间的高压管路上，如图 5-31 所示。

3. 空调制冷剂压力传感器的结构与工作原理

这里还是以大众轿车上运用的空调制冷剂压力/温度传感为例，介绍空调制冷剂压力/温度传感器的结构（见图 5-32）与工作原理。

图 5-31 空调制冷剂压力/温度传感器的安装位置　　图 5-32 空调制冷剂压力/温度传感器的结构

压力测量传感器元件实际上是一个电容器，是根据电容原理进行工作的。它的工作原理如下。

这里以平行极板电容器进行简单介绍。制冷剂回路中的压力变化改变了传感器中电容极板之间的间距。由于电容极板之间的间距发生改变，电容量也就发生改变，即电容器存储电能的能力发生改变。如果间距减小，电容量下降，如图 5-33(a) 所示；如果间距增大，电容量上升，如图 5-33(b) 所示。传感器电子装置检测这种变化，并按比例将压力转换成电压信号。

(a) 制冷剂回路完好　　　　　　　　　(b) 制冷剂泄漏

图 5-33 空调制冷剂压力/温度传感器工作原理

在制冷剂发生大的泄漏而逸出时，压力会急剧下降。在此情况下，压力传感器的信号足以让控制单元检测到故障。

如果冷却液逐渐损耗，则此信号就不会足够强，因为少量制冷剂的损耗不会使压力变化达到系统可测量的程度。但是，由于制冷剂的量与蒸发器的量精确相关，所以缺少制冷剂会导致蒸发器中膨胀的冷却液气体热到可测量的程度，从而使压缩机后的制冷剂温度上升。

因为较少的制冷剂吸收了等量的热量来将空气冷却到默认值，所以造成这种温升。该传感器检测这种温升并发送电压信号给 ECU。

如果压力或温度信号失效，则空调制冷功能关闭。

第六章 气体浓度传感器

第一节 氧传感器

一、氧传感器的作用

氧传感器用于检测废气中的氧含量并获得混合气的空燃比浓稀信号，该信号输入 ECM 后，ECM 根据该信号调整柴油机的喷油量，实现闭环控制，使催化转换器更好地发挥净化作用。

二、氧传感器的安装位置

氧传感器安装在排气管上，如图 6-1 所示。

图 6-1　氧传感器安装位置

现在的汽车上主要运用的氧传感器有二氧化锆氧传感器、二氧化钛氧传感器及宽域型氧传感器三种。

三、二氧化锆氧传感器

1. 二氧化锆氧传感器的结构

二氧化锆氧传感器由锆管（传感元件）、铂电极和保护罩等组成，如图 6-2 所示。锆管是由含有少量钇的二氧化锆（ZrO_2）制成的固态电解质元件，在锆管内、外两侧涂覆一层多孔性铂膜电极。锆管内侧通大气，外侧与排气接触。

2. 二氧化锆氧传感器的工作原理

工作时，在高温废气冲刷下，氧气发生电离，由于锆管内侧氧离子浓度高，外侧氧离子

图 6-2 二氧化锆氧传感器的构造（单线）

浓度低，在氧浓差作用下，氧离子从大气侧向排气侧扩散，从而形成了氧浓度差电池，如图 6-3 所示。

当混合气稀时，排气中含氧量高，锆管内外两侧浓度差小，产生的电动势小，大约为 100mV。

当混合气浓时，排气中含氧量低，浓度差大，产生的电动势高，大约为 900mV，电动势的高低以理论空燃比为界限发生突变，如图 6-4 所示。

图 6-3 二氧化锆氧传感器工作原理

图 6-4 氧传感器输出特性曲线

氧传感器的输出特性与排气温度有关，当排气温度低于 300℃时，氧传感器的输出特性不稳定。发动机刚刚启动后，由于排气温度偏低，氧传感器不工作，发动机在开环状态下工作。只有排气温度升高后，氧传感器才工作。所以，氧传感器的安装位置应在排气温度较高处。有的车型上安装有排气温度传感器，当排气温度传感器的信号达到一定值后 ECU 才根据氧传感器的信号进行空燃比反馈修正—调整喷油量、控制混合气的浓度，即发动机开始进行闭环控制。

3. 二氧化锆氧传感器的检测

以桑塔纳 2000GSi 为例，介绍二氧化锆氧传感器的检测。

桑塔纳 2000GSi 使用二氧化锆氧传感器 G39，其接线图和端子布置如图 6-5 所示，端子功能见表 6-1。

表 6-1 传感器端子功能说明

端 子		功 能
加热元件	1#	蓄电池供电电压
	2#	搭铁
氧传感器	3#	信号电压正极
	4#	信号电压负极

第六章 气体浓度传感器

图 6-5 二氧化锆氧传感器 G39 接线图和端子布置

当氧传感器或其连接线路出现故障时，可能会出现排放超标、回火、放炮、怠速熄火、发动机运转失准、油耗增大等故障，使发动机工况恶化。

(1) 解码器检测氧传感器

氧传感器异常工作，都会在 ECU 中存储故障码。因此，通过专用或通用解码器，可以查出氧传感器的故障代码 00525 氧传感器 (G39) 无信号，或氧传感器 (G39) 对正极短路。通过读取数据流，如果氧传感器示数长时间停滞在一个数值不变或变化缓慢，说明氧传感器有故障。

(2) 检测加热元件的电阻

在常温下，拔下氧传感器线束插头，用万用表电阻挡测量插头 1♯端子与 2♯端子之间的电阻，在常温下阻值应为 1~5Ω。若常温下阻值为无穷大，则说明加热元件断路，应更换氧传感器。

(3) 检测加热元件的电源电压

检测加热元件的电压时，拔下氧传感器插头，启动发动机，检测连接器插座上的端子 1 与 2 之间的电压。电压值应不低于 11V。如电压为零，说明熔断比断路或燃油泵电路触点接触不良，分别检修即可。

(4) 检测传感器的信号电压

因为氧传感器正常的工作温度在 300℃ 以上，没有达到正常工作温度，则传感器无信号输出。所以应在二氧化锆式氧传感器处于 300℃ 以上工作状态时测量其输出电压。

万用表检测二氧化锆式氧传感器的信号电压的具体方法是：让发动机转速在 2500r/min 运行约 90s 左右，插头与插座连接，将万用表连接到氧传感器 3♯端子与 4♯端子的导线上，当混合气体浓（即节气门全开）时，信号电压应为 0.7~1.0V；当混合气体稀（拔下空气流量传感器至发动机之间的真空管）时，信号电压应为 0.1~0.3V。否则说明氧传感器失效，应更换。

(5) 示波器检测

用示波器检测氧传感器输出的信号波形，可以很直观说明氧传感器是否良好。测试方法：启动发动机，让传感器预热到 300℃ 以上，发动机处于闭环工作状态时。用探针连接到传感器连接器 3♯和 4♯信号端子上。从怠速开始增大转速，观察氧传感器输出信号波形，并与标准波形比较，判断传感器的好坏。氧传感器在怠速和 2500r/min 时的正常波形如图 6-6 所示。

(a) 怠速工况时的波形

(b) 发动机转速为2500r/min时的波形

图 6-6　正常氧传感器怠速和转速为 2500r/min 时的波形

四、二氧化钛氧传感器

1. 二氧化钛氧传感器的结构

二氧化钛氧传感器是利用高纯度的半导体材料——二氧化钛（TiO_2）制成的，其结构如图 6-7 所示。二氧化钛在常温下电阻值很高，一旦周围氧气不足，其晶体内会产生很多电子，此时电阻值大大降低。二氧化钛氧传感器正是利用这一特征检测排气中的氧含量。

图 6-7　二氧化钛氧传感器的结构

2. 二氧化钛氧传感器的工作原理

二氧化钛氧传感器是利用气敏电阻的原理，通过氧气浓度引起的二氧化钛电阻值的改变来判定混合气状态，故又称电阻型氧传感器。

二氧化钛氧传感器的工作原理是：当排气中含氧量多时，氧浓度高，二氧化钛电阻值高；当排气中氧浓度低时，二氧化钛的电阻值降低。其电阻值的变化在理论空燃比附近发生突变。二氧化钛氧传感器的输出信号如图 6-8 所示。

二氧化钛氧传感器与二氧化锆氧传感器比较，其结构简单、体积小、成本低，但二氧化钛的电阻受温度影响大，应当增加温度修正电路，或者增加加热元件对它进行加热，使其输出特性稳

(a) 电阻特性　　(b) 电路原理　　(c) 输出波形

图 6-8　二氧化钛氧传感器的输出特性

定,以使其在高温下也能进行检测。图 6-8(b) 中的 R_t 为起温度补偿作用的热敏电阻。

3. 二氧化钛氧传感器的检测

二氧化钛氧传感器加热电阻的检测,与二氧化锆式氧传感器基本相同,在此不再赘述。这里主要介绍其不同于二氧化锆氧传感器的检测方法。

(1) 检测电阻

万用表测阻法是利用二氧化钛氧传感器的电阻特性来判断其在暖机状态和非暖机状态下的电阻值,以此来判断其是否损坏。正常氧传感器的电阻值为:充分暖机状态电阻值约在 300kΩ 左右(不同厂家此值不同);拆下传感器并暴露在空气中,冷却后测量其电阻值,若阻值很大,说明传感器良好;反之,则说明传感器已失效,应更换。

(2) 检测波形

对于采用 1V 参考电压的二氧化钛氧传感器,其测试方法、波形图等和二氧化锆氧传感器相同。对于采用 5V 参考电压的二氧化钛氧传感器,需要注意,良好的二氧化钛式氧传感器输出端电压,应以 2.5V 为中心上下波动。

五、宽域型氧传感器

1. 宽域型氧传感器的结构

在大众、奥迪发动机上使用宽域型氧传感器,如图 6-9 所示。这种氧传感器的特点是在发动机转速范围内随时可接收氧传感器信号。通过这种宽域型氧传感器可以调节废气再循环量并对烟雾排放进行校正。当过量空气系数测量值约为 1.3 或更稀时,可将废气再循环率调节到烟雾排放极限值,从而提高废气再循环率。Φ_a 调节也用于检验空气流量计信号的可信性(M),空气流量是采用一个计算模式根据 Φ_a 值计算出来并与空气流量计值相比较。因此,可对发动机的废气再循环、燃油喷射和供油始点进行校正。

通常情况下,宽域型氧传感器只用于催化剂转换器之前,催化剂转换器之后必为一普通氧传感器。

宽域型氧传感器由一个氧气泵单元、普通窄范围浓度差电压型二氧化锆式氧传感器、加热线圈、传感器控制器及扩散小孔、测量室等构成,如图 6-9 所示。

图 6-9　宽域型氧传感器的结构

2. 宽域型氧传感器的工作原理

(1) 二氧化锆泵电池

如果 ZrO_2 元件两端的氧气浓度不均,就会导致 ZrO_2 两端产生微小电压,反过来,当

在 ZrO_2 元件两端施加电压时，就会使氧气扩散。在宽域型氧传感器中，泵单元是将尾气中的氧气通过扩散栅渗透到电源负极，在负极氧气分子得到 4 个电子变成氧离子，阳离子在电离作用下在 ZrO_2 电解质中运动到正极，在正极中和掉 4 个电子，又还原成氧气，这就是泵单元的泵氧原理，如图 6-10 所示。

图 6-10　泵电池原理

（2）二氧化锆参考电池

二氧化锆参考电池工作原理和常规 ZrO_2 一样，是普通窄范围浓度差电压型二氧化锆氧传感器，其功能为采集混合气氧含量，二氧化锆氧传感器产生的信号，是宽域型氧传感器施加泵电流的依据信号。

（3）加热线圈

加热线圈是配合上述的普通窄范围浓度差电压型二氧化锆氧传感器快速进入工作温度加热装置，但又稍有差别：宽域型氧传感器的加热速度远比普通氧传感器快，这使得发动机从开环到闭环的时间缩短。

（4）测量室

尾气中的氧气和氧气泵产生的氧气汇集于测量室，二氧化锆氧传感器在此测量二者浓度之和与外部空气的浓度差，并产生与普通窄范围浓度差电压型二氧化锆氧传感器一样的用于分辨氧浓度的电压值。

（5）传感器控制器

传感器控制器在接收到二氧化锆氧传感器的反馈电压信号后，将产生一个泵电流流经宽域型氧传感器氧气泵单元，氧气泵单元泵入或泵出氧离子，并使氧离子浓度达到 $\lambda=1$，以使其电压值控制在 0.45V 附近，发动机 ECU 根据氧气泵单元泵电流的大小和方向，判断汽缸内混合气浓稀程度，从而控制喷油脉宽。

（6）二氧化钛氧传感器工作原理

① 混合气过稀时　当混合气较稀时，通过扩散通道进入测量室中的发动机尾氧含量较多，二氧化锆参考电池信号电压值下降，富氧的稀混合气产生低于参考电压 U_{ref} 的电压值，传感器控制器就会产生泵电流，自动减小或反向提供单元泵的工作电流 I_p（使泵入测量室的氧气减少），使二氧化锆参考电池信号尽快恢复到 0.45V 的电压值。ECU 接收到单元泵的工作电流（控制单元将其折算成电压值信号），根据减少的泵电流，推算出空燃比，加大喷油量，如图 6-11(a) 所示。

② 混合气过浓时　氧气泵的泵氧量与通过扩散通道进入测量室的氧量叠加后，测量室中氧的含量较少，二氧化锆参考电池信号电压值上升，浓混合气产生高于参考电压 U_{ref} 的电压值，传感器控制器就会产生泵电流，自动增加单元泵的工作电流 I_p（使泵入测量室的氧量增加），使二氧化锆参考电池信号尽快恢复到 0.45V 的电压值。ECU 接收到单元泵的工作电流（控制单元将其折算成电压值信号），根据增加的泵电流，推算出空燃比，减小喷油量，如图 6-11(b) 所示。

(a) 混合气过稀   (b) 混合气过浓

图 6-11   宽域型氧传感器工作原理

3. 宽域型氧传感器与 ECU 的连接电路

如图 6-12 所示是上海大众宝来轿车的宽域型氧传感器与 ECU 的连接电路图。

图 6-12   宝来轿车宽域型氧传感器与 ECU 的连接电路图

4. 宽域型氧传感器的检测

以上海大众宝来轿车为例介绍宽域型氧传感器的检查过程，电路图如图 6-12 所示。

宽域型氧传感器的基本检测方法有三种：一是观察氧传感器外观的颜色；二是检测氧传感器加热电阻；三是检测氧传感器输出信号电压。

（1）外观颜色检查

通过观察传感器顶部的颜色，可以判断故障的原因。氧传感器顶部的正常颜色为淡灰色，如果发现氧传感器顶部颜色发生变化，则预示着氧传感器存在故障或故障隐患。氧传感器顶部呈黑色，是由于积炭污染造成的，可拆下氧传感器后清除积炭。氧传感器顶部呈红棕色，说明氧传感器受铅污染。

（2）氧传感器加热器电阻检测

① 氧传感器加热器电阻检测   启动发动机，待发动机温度达到正常后，拔下氧传感器连接器，用万用表电阻挡检测传感器加热器端子之间的电阻值。前氧传感器加热器电阻：

3#与4#端子间的电阻应为2.5～10Ω。后氧传感器加热器电阻：1#与2#端子间的电阻应为6.4～47.5Ω。如果检测不符合规定值，则应更换氧传感器。

② 单元泵电阻检测　用万用表欧姆挡检测前氧传感器单元泵2#与6#端子间的电阻，电阻值应为77.5Ω。

(3) 检测氧传感器输出信号电压

① 检测二氧化锆参考电池输出电压　用万用表直流电压挡检测1#与5#端子间的电压，电压值应保持在0.4～0.5V附近。

② 检测宽域型氧传感器输出电压　宽域型氧传感器输出电压不能用万用表直接测量，而应通过专用解码器读取数据流。发动机控制单元将宽域型氧传感器的电流信号转化为电压值显示出来，其规定电压值为1.0～2.0V，发动机运转时宽域型氧传感器的输出电压应在1.0～2.0V之间波动。电压值大于1.5V时表示混合气过稀；电压值小于1.5V时，说明混合气过浓。当电压值为0V、1.5V、4.9V的恒定值时，说明氧传感器本身或其线路有故障，应做进一步的检测排除故障。

第二节　NO_x 传感器

NO_x 是可燃混合气在高温、高压下燃烧后的产物，是 O 和 NO_2 等的总称。NO_x 主要是在高温富氧的条件下生成的，当空气过量时，N_2 与 O_2 在电火花的作用下，产生了 NO，而 NO 被空气中的 O_2 氧化为 NO_2。从燃烧过程排放的氮氧化物95%以上可能是 NO，其余的是 NO_2。尾气中氮氧化物的排放量取决于燃烧温度、时间和空燃比等因素。

一、NO_x 传感器的作用

NO_x 传感器确定废气中氮氧化物和氧气的残留量并把此信号传给氮氧化物控制单元。其主要功能如下：

① 用来识别和检查催化转换器的功能是否正常。

② 用来识别和检查催化转换器前端宽域型氧传感器调节点是否正常或是否需要修正。

③ 检测 NO_x 浓度。传感器产生的信号被传送至氮氧化物传感器控制单元。

④ 当 NO_x 传感器感测到氮氧化物存储式催化转化器的存储空间达到饱和时，就会启动一个氮氧化物再生周期，即提供给 ECU 信号，使发动机在短时间内生成更浓的混合气体，使排气温度升高，转化器钡涂层便开始释放氮氧化物，氮氧化物会随之被转化为无害氮气。

⑤ 信号失灵时的影响：如果 NO_x 传感器的信号发生故障，发动机仅能在均质充气模式中运行。

二、NO_x 传感器的安装位置

NO_x 传感器一般安装在排气管的催化转换器之后。

图 6-13　NO_x 传感器的结构

三、NO_x 传感器的结构

NO_x 传感器包含两个腔室、两个泵室、四个电极和一个加热器,如图 6-13 所示。传感器元件是用二氧化锆制成的。此材料的典型特点是:如果对它施加电压,它就能使负的氧离子从负电极迁移到正电极,相当于气泵将氧气从一侧泵入另一侧,因此,习惯上也被称为氧气泵。

四、NO_x 传感器的工作原理

NO_x 传感器的检测原理也是以氧气测量为基础,并且可以从一个宽带 λ 探针上检测到氧气含量。

NO_x 传感器工作过程可以分为两个阶段。

1. 确定第一腔室中的 λ 数值(见图 6-14)

一部分废气流入第一腔室中。由于废气中的氧气残留量与参考小室中的氧气残留量不同,就能在电极上测量出一个电压,氮氧化物传感器控制单元将此电压设定为恒定的 0.45V,这相当于空气/燃油比 λ=1。如果偏离此数值,氧气被泵出或者泵入,使 0.45V 的电压保持恒定。

图 6-14 确定第一腔室中的 λ 数值

2. 确定第二腔室中的氮氧化物残留量(见图 6-15)

不含氧气的废气从第一腔室进入第二腔室,废气中的氮氧化物分子被一个特殊的电极分

图 6-15 确定第二腔室中的氮氧化物残留量

裂成氮气和氧气。因为第二腔室内部电极和外部电极上电压被调整至恒定的0.45V，所以氧气泵必须通入电流，使氧离子从内部电极迁移到外部电极。在此过程中氧气泵流动的电流表征的是第二腔室中的氧气残留量。因为氧气泵的电流大小与废气中的氮氧化物成正比，为此就能够确定氮氧化物的残留量。

第三节 稀薄混合气传感器

一、稀薄混合气传感器的作用

稀薄混合气传感器应用在发动机稀薄燃烧空燃比反馈控制系统中，与氧化传感器一样，使用二氧化锆元件测定排气中的氧浓度，从而来测定空燃比。它是在超稀薄燃烧领域进行空燃比的反馈控制，与氧化催化剂结合，达到降低燃料消耗的目的。

二、稀薄混合气传感器的安装位置

稀薄混合气传感器一般安装在排气歧管上，如图6-16所示。

图6-16 稀薄混合气传感器安装位置

三、稀薄混合气传感器的结构

稀薄混合气传感器主要由氧化铝陶瓷元件和加热器构成，其结构如图6-17所示。

四、稀薄混合气传感器的工作原理

1. 传感器工作原理

半导体压敏电阻式进气压力传感器是利用半导体的压阻效应的原理制成的。主要由硅膜片、真空室、硅杯、底座、真空管接头和引线电极组成。

二氧化锆传感器是在二氧化锆元件的两端有铂电极，并以铂电极产生的电位差作为输出电压信号，又利用在理论空燃比附近输出电压急剧变化的特性，而只检测出理论空燃比附近状态。对于稀薄混合气传感器，在电极两端施加一定电压时，将产生与排气中氧浓度成正比的电流，这样就可以在稀薄燃烧领域连续检测出空燃比变化。稀薄混合气传感器输出特性曲线如图6-18所示。

图 6-17 稀薄混合气传感器的构造

图 6-18 稀薄混合气传感器的输出特性

2. 稀薄燃烧系统控制原理

稀薄燃烧系统采用了稀薄混合气传感器,用于对稀薄混合气状态下的空燃比进行反馈控制,稀薄燃烧系统的构成如图 6-19 所示。

图 6-19 稀薄燃烧系统

在现代车辆中,为了达到净化排气的目的,除采用三元催化转化方式净化排气外,也可采用稀薄燃烧控制技术。这一技术有效降低排气中的 NO_x 含量。

如果仅采用三元催化技术降低 NO_x 含量,空燃比只能限制在 15~16 之间,若把空燃比进一步提高 19 后,发动机的转矩变化增大,会影响发动机的动力性。如果在三元催化技术的基础上再采用稀薄燃烧技术可以有效提高空燃比的范围。这样空燃比提高到 23 时,发动机才开始出现转矩变化增大的现象,因此可以在转矩变化的容许范围内,选择较高空燃比以使废气中的 NO_x 含量符合限制值。如此,稀薄混合气范围的燃烧得到了改善的同时可降低耗油率 10%~15%。

在稀薄燃烧系统中,由电控单元 ECU 对燃油喷射量与点火时刻进行控制,采用了进气歧管压力、发动机转速、冷却液温度、进气温度、节气门位置等传感器信号,并以稀薄混合气传感器代替氧传感器，实现了稀薄燃烧状态下的空燃比反馈控制。

第四节
烟雾浓度传感器

一、烟雾浓度传感器的作用

烟雾浓度传感器用于检测烟雾，当烟雾浓度传感器从车室内检测出烟雾后，可自动地使空气净化器运转，没有烟雾时使空气净化器自动停止运转，总是保持车室内空气处于净化状态。

二、烟雾浓度传感器的安装位置

烟雾浓度传感器安装在车室顶棚上室顶灯的旁边。

三、烟雾浓度传感器的结构

烟雾浓度传感器的外观如图 6-20 所示，它是由本体和盖板组成。烟尘浓度传感器本体上设置有许多可以使烟雾自由进入的细缝，当检测出有烟雾时，烟尘浓度传感器使空气净化器的鼓风机自动运转。在一般情况下，当烟雾浓度达到 $0.3\%/m^3$，即抽 1～2 根香烟时，就可使烟尘浓度传感器动作。在烟尘浓度传感器的本体上还设有感测灵敏度调整旋钮（灵敏度用电位器），转动旋钮，即可调整传感器的灵敏度。

图 6-20 烟雾浓度传感器的外观

烟雾浓度传感器是由发光元件、光敏元件及信号处理电路部分组成，其结构如图 6-21 所示。

烟雾浓度传感器的内部电路是由电子电路构成，如图 6-22 所示。

四、烟雾浓度传感器的工作原理

当空气进入烟雾浓度传感器壳体的窄缝光敏元件后，可以自由地流动，发光元件（发光二极管）间歇地发出肉眼不可见的红外光，在空气中没有烟雾的情况下，这种红外光射不到光敏元件上，电路不工作；但当烟雾等进入到烟雾浓度传感器的壳体内时，烟雾粒子对间歇的红外光进行漫反射，使部分红外光照射到光敏元件上，这时传感器判断出车内有烟雾存在，就会使空气净化器系统的鼓风机旋转。烟雾浓度传感器的工作原理如图 6-23 所示。

图 6-21 烟雾浓度传感器的结构

图 6-22 烟雾浓度传感器的电子电路

图 6-23 烟雾浓度传感器的工作原理

五、烟雾传感器与空调放大器连接电路

丰田皇冠轿车在空调系统中使用了光电式的烟雾浓度传感器，其与空调放大器的线路连接图如图 6-24 所示。

图 6-24 烟雾传感器与空调放大器的线路连接图

六、烟雾传感器的检测

这里以丰田皇冠轿车空调系统中的烟雾传感器为例，介绍其检测方法，方法如下。

1. 搭铁端子电阻的检测

关闭点火开关，从烟雾传感器上断开连接器，用万用表电阻挡测量烟雾传感器线束端 S21-1（E端）与车身接地间的电阻，其值应小于1Ω。

2. 传感器电源的检测

关闭点火开关，拆开烟雾传感器连接器，打开点火开关，用万用表电压挡测量烟雾传感器线束端 S21-3（B端）与车身接地间的电压，其值应在 10～4V 之间。

3. 传感器信号的检测

关闭点火开关，拆下烟雾传感器，将蓄电池正极（＋）导线连接到端子 S21-1，负极

图 6-25 传感器信号的检测

（一）导线连接到端子 S21-3，点燃香烟置于传感器旁边（见图 6-25），各条件下电压值应符合规定值，见表 6-2。

表 6-2　烟雾传感器信号标准值

用万用表电压挡时表笔连接端子	测试条件	信号输出电压标准值
S21-2 与 S21-3	无烟雾	低于 1V
S21-2 与 S21-3	有烟雾	高于 4V

第五节　空气品质传感器

一、空气品质传感器的作用

空气品质传感器主要用于不断检测风扇进口范围内的空气质量，特别是检测废气中的有害气 CO（主要是由汽油机产生）和 NO_x（主要是由柴油机产生）。另一作用是防止风窗玻璃上蒙上雾气，因此空气品质传感器还要检测空气中水蒸气的含量。

二、空气品质传感器的安装位置

空气品质传感器连同新鲜空气进气道温度传感器一起安装在通风室的新鲜空气进气区域。

三、空气品质传感器的结构与工作原理

空气品质传感器是由氧化锡的厚层电阻组成，其结构如图 6-26 所示。只要有 CO、NO_x 气体停在其上面，电阻就会突然改变，阻值的变化范围为 $1\sim100k\Omega$，且这种特性是可逆的。这些电阻放在公共的陶瓷基质上。陶瓷基质背面被 1 个热体加热到约 330℃ 的工作温度，基质由于高温一端伸长而接触。

CO 探针测量 CO 的浓度，测量范围为 $(10\sim100)\times10^{-6}$。NO_x 探针测量 NO_x 的浓度，测量范围为 $(0.5\sim5)\times10^{-6}$。如 CO、NO_x 浓度太大，有时要比清洁空气中的 CO、NO_x 浓度高 100 倍，则空气品质控制单元关闭空气入口的节气门，以防驾驶员等吸入这些有害气，并导致过早的驾驶疲劳。

图 6-26　空气品质传感器

透气的金属盖作保护用。盖的下面作为两个传感器室的聚四氟乙烯膜片可透过测量气体 CO、NO_x 和蒸汽状的湿气，但不能透过液态湿气。虽然测量气体要通过膜片扩散，但气体

图 6-27　湿度计

品质传感器的反应时间常数只是毫秒级范围。

新的空气品质传感器还有一个湿度计，其结构如图 6-27 所示。它的信号除由 NTC 温度计测得的车内温度外，用以计算空气的露点，它影响汽车风窗玻璃上的雾气。

第六节 柴油机烟度传感器

一、柴油机烟度传感器的作用

柴油机烟度传感器用来检测发动机排放气体中形成的炭烟和未燃烧的炭粒，并把表示炭烟存在的电信号输入电子控制单元 ECU，ECU 根据炭烟信号调节空气和柴油的供给量，以达到完全燃烧减少炭烟。

二、柴油机烟度传感器的结构

柴油机烟度传感器的感应头装在金属体中，通过中间体同接线盒连接，金属体下端的螺纹便于传感器安装在排气管上。传感器感应头用 Al_2O_3 做成陶瓷体，暴露在烟气中的电极用金属铂或铂合金制成。柴油机烟度传感器的结构如图 6-28 所示。

图 6-28　柴油机烟度传感器的结构

图 6-29　柴油机烟度传感器的工作原理

三、柴油机烟度传感器的工作原理

柴油机烟度传感器的感应头由绝缘体、电极和催化剂组成，如图 6-29 所示。绝缘体中埋有两个电极，电极下端伸出绝缘体，两电极之间保持很小的缝隙，并涂有绝缘强催化剂，电极上端连接直流电源，电压为 12V 或 24V。图中 A 为电流表，表盘上标有对应的烟度值，在电子控制系统中，A_1、A_2 与 ECU 相连。

当感应头连接到电路中时，由于电极之间的电阻很大，电流表 A 无电流指示或指示很微小的电流，当感应头插入烟气中时，缝隙中充满了炭粒，形成炭桥，电极之间的电阻就会发生变化，炭烟少电阻大，炭烟多电阻小，电流表的读数随炭烟的多少相应变化。所以，在系统中、输入 ECU 的电信号也随炭烟的多少作相应变化。

第七章 速度与减速度传感器

第一节 车速传感器

一、概述

1. 车速传感器的作用

对于自动变速器汽车,车速传感器也叫变速器输出轴转速传感器,用于检测汽车的车速信号,并将车速信号输入 ECU,实现 ECU 对变速器的换挡控制及对发动机的巡航控制;同时将车速信号提供给车速里程表,用以指示汽车的行驶速度,记录汽车的行驶里程。而对于手动变速器汽车,车速传感器则仅仅将检测到的车速信号提供给车速里程表,用于指示汽车的行驶速度,记录汽车的行驶里程。

2. 车速传感器的安装位置

车速传感器一般安装在变速器输出轴附近的壳体上或速度表内。

3. 车速传感器的类型

车速传感器常见的有舌簧开关式、可变磁阻式、电磁感应式、光电式和霍尔式几种,在这一节中将对它们进行介绍。

二、舌簧开关式车速传感器

1. 舌簧开关式车速传感器的结构与工作原理

舌簧开关式车速传感器是车速报警系统中常用的信息传感器。

舌簧开关式传感器是在小玻璃管内装有两个细长的触点构成的,触点由铁、镍等容易被磁铁吸引的强磁性材料制成,受玻璃管外磁板的控制,有时触点互相吸引而闭合,有时互相排斥而断开,从而形成了触点的开关作用。

舌簧开关式车速传感器置于车速表的转子附近,当车速表驱动轴回转时,永久磁铁也回转,磁铁的 N、S 极将靠近或远离舌簧开关的触点,如图 7-1 所示。

如图 7-2(a) 所示,当 N、S 磁极从接近舌簧开关到逐渐离开时,上、下两个触点变为不同极性的磁极,互相吸引,开关变为闭合状态。

如图 7-2(b) 所示,当 N 或 S 极接近触点时,触点变为同一极性的磁极,互相排斥,所以舌簧开关断开。

图 7-1 舌簧开关式车速传感器的结构

(a) 吸引形态　　　　　(b) 排斥形态

图 7-2　舌簧开关式车速传感器的工作原理

因为磁铁一般是四极的，控制部分连续工作时，车速表驱动轴每回转一圈，就会输出四个脉冲。

2. 舌簧开关式车速传感器的检测

舌簧开关式车速传感器可用指针式万用表的电压挡检测其输出电压信号，即把万用表的两个表笔接在传感器连接器的两插头端子上，转动发动机 1～2s，观察电压表指针是否有脉冲电压产生，如果无脉冲电压产生，则表示传感器有故障，应当更换。

三、可变磁阻式车速传感器

1. 可变磁阻式车速传感器的安装位置

可变磁阻式车速传感器的安装位置如图 7-3 所示，它一般安装在变速器壳体上，直接由变速器齿轮驱动。

图 7-3　可变磁阻式车速传感器的安装位置

图 7-4　可变磁阻式车速传感器的结构

2. 可变磁阻式车速传感器的结构

可变磁阻式车速传感器主要由磁阻元件、转子、印制电路板和磁环等构成，如图 7-4 所示。

3. 可变磁阻式车速传感器的工作原理

当齿轮驱动传感器轴旋转时，与轴连在一起的多极磁环也同时旋转，磁环旋转引起磁通量变化，使集成电路内的磁阻元件的阻值发生变化，如图 7-5 所示。

当流向磁阻元件 MRE 的电流方向与磁力线方向平行时，其电阻值最大；电流方向与磁力线方向垂直时，其电阻值最小，如图 7-5 所示。在磁环上，N 极与 S 极交替排列，随着磁环的回转使其磁力线方向不断地变化，伴随其每一回转，在内置磁元件的集成电路中发生20 个脉冲信号，该信号即作为车速信号送入车速表和 ECU。磁通量的变化与磁环速度成正比，这样利用磁阻元件的阻值变化就可以检测出磁环旋转引起的磁通变化，将电压的变化输

(a) 工作原理　　　　　　　　　　(b) 电路图

图 7-5　可变磁阻式车速传感器的工作原理与电路

入到比较器中进行比较，再由比较器输出信号控制晶体管的导通和截止，这样就可以检测出车速。

4. 可变磁阻式车速传感器的检测

检测可变磁阻式车速传感器时，可用手转动传感器轴，在转动的同时，用万用表测量传感器两端子间输出的电压信号，如果有脉冲信号输出，则说明传感器良好；如果无脉冲信号产生，则说明传感器已失效，应当更换。

四、电磁感应式车速传感器

1. 电磁感应式车速传感器的结构与工作原理

电磁感应式车速传感器由永久磁铁和电磁感应线圈组成，如图7-6(a)所示。它固定在自动变速器输出轴附近的壳体上，靠近输出轴上的停车锁止齿轮或感应转子安装。当输出轴转动时，停车锁止齿轮或感应转子的凸齿不断地靠近或离开车速传感器，使感应线圈内的磁通量发生改变，从而产生交流感应电压，如图7-6(b)。车速愈高，输出轴的转速也愈高，感应电压的脉冲频率也愈大。ECU根据感应电压脉冲频率的大小计算出车速。

(a) 结构　　　　　　　　(b) 感应电压曲线图

图 7-6　电磁感应式车速传感器的工作原理示意图

2. 变速器输入轴电磁感应式车速传感器的结构与工作原理

变速器输入轴转速传感器一般安装在行星齿轮变速器的输入轴或输出轴连接的离合器鼓附近的壳体上，如图7-7所示。

变速器输入轴转速传感器主要由传感头和磁性转轮构成，其结构如图7-8所示。

变速器输入轴电磁感应式车速传感器的工作原理，如图7-9所示。

图 7-7 变速器输入轴转速传感器的安装位置

图 7-8 变速器输入轴转速传感器的结构

(a) 齿隙磁芯端部相对　　　　　　　(b) 齿顶磁芯端部相对

(c) 传感器输出电压

图 7-9 变速器输入轴转速传感器的工作原理

当齿轮的齿隙与传感器的磁芯顶部相对时，磁芯顶部与齿圈之间的空气间隙最大，输入轴转速传感器永磁性磁芯所产生的磁力线就不容易通过齿圈，感应线圈周围的磁场较弱，如图 7-9(a) 所示；而当齿圈的齿顶与传感器的磁芯顶部相对时，磁芯顶部与齿圈之间的空气间隙最小，传感器永磁性磁芯所产生的磁力线就容易通过齿圈，感应线圈周围的磁场较强，如图 7-9(b) 所示。

当齿圈随变速器输入轴转动时，齿圈的齿顶和齿隙就交替地与传感器磁芯端部相对，传感器感应线圈周围的磁场随之发生强弱交替的变化，在感应线圈中就会产生交变电压，交变电压的频率与齿圈的齿数和转速成正比，因此转速传感器输出的交变电压频率将与相应变速器输入轴的转速成正比。另外变速器输入轴的转速也会影响变速器输入轴传感器输出交变电压的幅值，如图 7-9(c) 所示，转速高幅值大；反之，转速低幅值小。产生的交变电压由感应线圈引线通过导线送至电控单元 ECU，通过电压变化的频率便能精确地反映出变速器输入轴转速的变化。

3. 电磁感应式车速传感器的检测

（1）开路检测

拔下车速传感器连接器接头，用万用表测量传感器两接线端子间的电阻。不同车型自动变速器的这种车速传感器感应线圈的电阻值不同，一般为几百到几千欧姆。

（2）模拟检测

将车支起，用手转动悬空的驱动车轮，同时用指针式万用表测量车速传感器的两接线端子间有无脉冲感应电压。如果万用表指针有摆动，说明传感器有输出脉冲电压，传感器工作正常；否则，说明传感器有故障，应进一步检查传感器转子及感应线圈是否脏污。如果脏污，应进行清洁，然后再进行测试。如果传感器仍无脉冲电压产生，则说明传感器已经损坏，应进行更换。车速传感器脉冲电压的测量，如图 7-10 所示。

图 7-10　车速传感器脉冲电压的测量

（3）单体检测

拆下车速传感器，测量传感器的输出脉冲电压。具体方法：用一根铁棒或一块磁铁迅速靠近或者离开传感器，同时用万用表测量传感器两接线端子间有无脉冲电压产生，如图7-11所示。

图 7-11　单体检测车速传感器的脉冲电压

如果没有感应电压或感应电压很微弱，说明传感器已失效，要进一步检查，再试验，确认有故障后，应进行更换。

五、光电式车速传感器

1. 光电式车速传感器的结构

光电式车速传感器用于数字式速度表上，由发光二极管（LED）、光敏三极管以及装在速度表驱动轴上的遮光板构成，如图 7-12 所示。

2. 光电式车速传感器的工作原理

当遮光板不能遮断光束时，发光二极管的光射到光敏三极管上，光敏三极管的集电极中

图 7-12 光电式车速传感器的结构

有电流通过，该管导通，这时三极管 VT1 也导通，因此在 S_i 端子上就有 5V 电压输出。脉冲频率取决于车速，例如在车速为 60km/h 时，仪表挠性驱动轴的转速为 637r/min，仪表软轴每转一圈，传感器就有 20 个脉冲输出，如图 7-13 所示。

(a) 工作原理　　　　　　　　　　　(b) 电路

图 7-13 光电式车速传感器的工作原理

3. 光电式车速传感器的数字式车速表的结构和工作原理

光电式车速传感器的数字式车速表的结构与原理框图如图 7-14 所示。它主要由荧光显示屏、微型计算机和集成电路组成。车速传感器输出的脉冲信号输入到车速表，通过荧光显示屏显示车速，并将其信号输入到里程表、燃油表、温度表等。

光电式车速传感器发出的脉冲信号经整形后输入到记忆电路中，在记忆电路中留下记录。而定时电路输出信号决定计数器的记测时间和记忆电路的记忆时间。记忆电路的输出信号加到显示电路上，荧光显示屏根据光电式车速传感器输出的脉冲数显示车速。车速表的电路框图如图 7-15 所示。

车速表显示的最小值为 1km/h，显示值经过一定时间更换一次，但不会超过 1km/h 的间隔。如果其显示的车速超过 101km/h，速度判断回路输出报警信号，点亮车速警告信号灯；如果车速超过 105km/h，蜂鸣器发出报警鸣叫声音。

4. 光电式车速传感器的检测

(1) 测量传感器两端子间的电压

检测光电式车速传感器时，应在发动机启动后怠速运转的情况下，用万用表电压挡测量传感器的输出和接地端子间的电压值，正常值应为 1.8～2.5V。如果电压不正常，则应检查传感器和接地电路的连接情况，若都无问题，则应检查发光二极管和光敏三极管。

(2) 检测发光二极管

用万用表电阻挡检测正、反向电阻来判别其极性的好坏，方法如下：

在切断电源和外电路的情况下，用万用表的电阻挡测其正反电阻值，一般正向电阻小于 50kΩ、反向电阻大于 200kΩ 以上为正常。如果测量正、反电阻中的一个为 $R=0$ 或 $R=\infty$，

第七章 速度与减速度传感器

图 7-14 数字式车速表的结构及原理框图

图 7-15 车速表的电路框图

则说明被测发光二极管损坏,应更换。

(3) 检测光敏三极管

光敏三极管也可以用万用表测量。将万用表置于电阻挡,红与黑表棒随意接光敏三极管的两个脚。这时万用表如指示值为几千欧左右，则黑棒所接的是光敏三极管的正极，红棒所接的则是负极（这里正向电阻是不随光照而变化的阻值）。然后将万用表的表棒调换一下再接光敏三极管的管脚，测量反向电阻，这时读数一般在 200kΩ 以上（注意测量时光敏三极管不可以对着光）。接着用相匹配的光源去照射光敏三极管的窗口，此时电阻值应变小，光线越强，其电阻也越小。关掉电光源，电阻值立即恢复到原来的阻值，则说明光敏三极管是好的。否则，说明光敏三极管已损坏，应更换。

六、霍尔式车速传感器

1. 霍尔式车速传感器的结构

霍尔式车速传感器主要由触发轮、带导板的永久磁铁、霍尔元件及集成电路组成，其结构如图 7-16 所示。

图 7-16 霍尔式车速传感器的结构

2. 霍尔式车速传感器的工作原理

霍尔式车速传感器也是利用霍尔效应的原理制成的，即触发叶轮转动时，其叶片在永久磁铁与霍尔元件间转动，从而使通过霍尔元件的磁通量发生变化，因为霍尔元件用导线连接在电路中，在霍尔元件上产生一个霍尔电压，经集成电路放大整形后输出矩形方波信号输入给 ECU，如图 7-17 所示。

图 7-17 霍尔集成块的电路框图

3. 霍尔式车速传感器与 ECU 的连接电路

霍尔式车速传感器与 ECU 的连接电路如图 7-17 所示。车速传感器有 3 个接线端子，其中 1#端子为蓄电池的供电端子；2#端子为搭铁；3#端子信号输出端子。

(1) 检测传感器的电压

关闭点火开关，拔下车速传感器插头后，再打开点火开关，检测线束侧连接器的 1♯ 端子的电压，其标准值应为 12V，即蓄电池电压；否则，应检查熔断器、点火开关以及它们之间的连接导线。

(2) 检测传感器的输出信号

当车辆行驶时，用示波器检测车速传感器插座 3♯ 和 2♯ 端子之间有无方波信号输出（测试时，车速传感器的插头不能拔下）。如果无信号，则说明车速传感器损坏或相应的连接电路发生故障。

第二节 发动机转速传感器

电控发动机出现后 ECU 用发动机转速信号取自曲轴位置传感器，而发动机转速表用转速信号，既有使用曲轴位置传感器的，也有使用点火信号的。在前面的章节已对曲轴位置传感器已做过介绍，在此不再赘述。下面介绍其他形式的发动机传感器的各种形式、测量原理进行介绍。

一、柴油发动机用转速传感器

这里以三菱 4D56 柴油机的转速传感器为例进行介绍。

1. 柴油发动机用转速传感器的安装位置

在电控柴油发动机上使用的电磁感应式转速传感器是从喷油泵处获取转速信号，三菱 4D56 柴油机的转速传感器的位置如图 7-18 所示。

图 7-18 三菱 4D56 柴油发动机转速传感器位置

图 7-19 柴油发动机用转速传感器的结构

2. 柴油发动机用转速传感器的结构与工作原理

柴油发动机用转速传感器的结构如图 7-19 所示。

柴油发动机用转速传感器的工作原理：在永久磁铁的周围绕有线圈，线圈周围有用铁材料制成的齿轮，当齿轮旋转时，齿轮的齿顶和齿谷与永久磁铁之间的空气隙不断变化，使通过线圈的磁力线也发生了变化，于是在线圈中便产生交变电压，输出波形如图 7-20 所示。

图 7-20　柴油发动机用转速传感器的输出波形

当柴油机的喷油泵工作时，传感器的齿轮被带动旋转，交流电压的频率与发动机的转速成正比，所以在线圈中便有交流电压产生。该交变电压作为输入信号，经转速表内的 IC 电路放大、整形后就可使转速表指示出发动机的实际转速，如图 7-21 所示。

图 7-21　柴油机电磁感应式转速表内部电路及电路中各部位波形

图 7-21（a）为转速表电路示意图，当齿轮转动时，每一个齿可以产生如图 7-21（b）所示的一个周期的电压，该电压经放大、整形后，可变成图 7-21（c）所示的矩形波。再经单稳

态电路变换,使脉宽为一定值,如图 7-21(d) 所示。经电流放大器放大后输入转速表中。因为输出的脉冲数是根据发动机转速变化的,所以转速表是按照脉冲电流的平均值来指示发动机转速,如图 7-21(e) 所示。

二、舌簧开关式发动机转速传感器

1. 舌簧开关式发动机转速传感器的结构

舌簧开关式转速传感器可用于检测发动机转速,传感器可以装在组合仪表内,也可以安装在分电器内部,如图 7-22 所示。

图 7-22 舌簧开关式转速传感器的安装位置及结构

2. 舌簧开关式发动机转速传感器的工作原理

舌簧开关触点由强磁体制成,在装于分电器轴上的磁铁的作用下动作,舌簧开关触点不直接与大气接触,其容器内充有惰性气体。

舌簧开关式发动机转速传感器的工作原理如图 7-23 所示。曲轴转两圈、分电器轴转一圈,分电器内的磁铁也转一圈。当磁铁靠近舌簧开关时,在磁力线的作用下,使触点带磁性。触点的磁性与磁铁近侧极性相同,从而使舌簧开关触点靠本身磁性吸引使开关导通。磁铁随分电器轴转动后,磁极远离或只有一端靠近舌簧开关时,触点不受磁力线的影响,触点分开。

图 7-23 舌簧开关式发动机转速传感器的工作原理

这样,两个舌簧开关在分电器轴上的磁铁作用下,相互以 180°的相位差进行通、断变换把发动机转速信号输入 ECU。

3. 舌簧开关式发动机转速传感器的检测

舌簧开关式发动机转速传感器的检测,主要检查其信号输出端子是否有脉冲信号产生,如图 7-24 所示。具体检查如下:

(a) 分电器内舌簧开关检测方法　　(b) 线路连接图

图 7-24　舌簧开关式转速传感器的检测

将分电器从发动机上取下，用万用表电阻挡检测，把两表笔放在信号输出端，用手转动分电器轴，观察是否有导通和断开两种状态交替出现。如果没有，则应更换舌簧开关式转速传感器。

另外一种形式的舌簧开关式传感器是阻断型，如图 7-25(a)，为使舌簧开关能闭能开，磁铁必须装在一个转动的轴上，使磁铁转动或用一个转动的齿轮来隔断其磁通。当齿轮的齿处于磁铁和舌簧管之间时，磁通离开簧片，这时触点弹开，见图 7-25(b)。无论采取哪种方法，都可以从触点开闭时发出的信号指示轴的转动位置。

(a) 作用原理　　(b) 工作过程

图 7-25　阻断型电磁舌簧开关

第三节　轮速传感器

一、概述

1. 轮速传感器的作用

轮速传感器即车轮速度传感器，用于检测车轮旋转速度，并将其转化为电信号输入控制单元 ECU。现今的车辆上，轮速传感器使用在制动防抱死（ABS）系统、牵引力控制（TCS）系统、电子制动力分配（EBD）系统、电子稳定程序（ESP）系统中，各个控制单元根据其信号,通过和车速传感器信号的对比,确定车辆是否发生抱死和滑移,从而决定执行器是否作出制动干预。

2. 轮速传感器的安装位置

一般来讲,齿圈安装在随车轮或传动轴一起转动的部件上,如驱动车轮、从动车轮、半轴、轮毂或制动盘、主减速器或变速器的输出轴上,传感器本体安装在车轮附近不随车轮转动的部件上,如半轴套管、转向节、制动底板等位置,如图7-26所示。

(a) 安装在后桥主减速器壳体上　(b) 安装在变速器输出轴上　(c) 安装在驱动轮上　(d) 安装在从动轮上

图 7-26　轮速传感器的安装位置

3. 轮速传感器的类型

目前,轮速传感器主要有电磁感应式、励磁式、霍尔效应式、电涡流式、磁阻式等几种。

二、电磁感应式轮速传感器

1. 电磁感应式轮速传感器的结构

电磁感应式轮速传感器由传感头和齿圈两部分组成,结构如图7-27所示。它由永磁体、极轴和感应线圈等组成,齿圈由铁磁性材料制成。

(a) 凿式极轴　　　　　　　(b) 柱式极轴

图 7-27　电磁感应式轮速传感器传感头的结构

2. 电磁感应式轮速传感器的工作原理

电磁感应式轮速传感器的工作原理如图7-28所示。当齿圈旋转时,齿顶与齿隙轮流交替对向磁芯,当齿圈转到齿顶与传感头磁芯相对时,传感头磁芯与齿圈之间的间隙最小,由永久磁芯产生的磁力线就容易通过齿圈,感应线圈周围的磁场就强,如图7-28(a)所示。当齿圈转动到齿隙与传感头磁芯相对时,传感头磁芯与齿圈之间的间隙最大,由永久磁芯产生的磁力线就不容易通过齿圈,感应线圈周围的磁场就弱,如图7-28(b)所示。此时,磁通迅速交替变化,在感应线圈中就会产生交变电压,交变电压的频率将随车轮转速成正比例变化。ECU可以通过转速传感器输入的电压脉冲频率进行处理来确定车轮的转速、汽车的参考速度等。

图 7-28 轮速传感器工作原理

3. 电磁感应式轮速传感器的检测

这里以使用MK20-Ⅰ型ABS系统的桑塔纳时代超人、捷达轿车为例,说明电磁感应式轮速传感器的检测方法。

电磁感应式轮速传感器的常见故障主要是传感器本身的感应电路(感应线圈)断路或短路、传感器头和齿圈沾染油污或其他脏物,因振动或敲击造成传感器发生消磁现象等。除此之外还有轮速传感器的松动、脉冲齿圈距离、车轮轴承、制动轮缸、制动蹄片等出现问题,也会造成轮速传感器没有信号输出的故障。

(1) 电阻检测

关闭点火开关,断开ABS ECU插头(见图7-29),用万用表欧姆挡测量以下针脚,其电阻值应符合表7-1规定电阻值。

图 7-29 ABS ECU插接器端子排列

表 7-1 轮速传感器标准电阻值

轮速传感器	ABS ECU针脚	标准电阻值
左前轮速度传感器电阻值	11-4	1.0~1.3kΩ
右前轮速度传感器电阻值	18-3	
左后轮速度传感器电阻值	2-10	
右后轮速度传感器电阻值	1-17	

若测量的电阻值不符合要求,可直接从所对应的轮速传感器处拔下导线,用欧姆表直接测量。若达到上述标准电阻值,说明线路有故障,如果仍达不到上述标准值,说明传感器有故障。

如果检测的任何一个轮速传感器的电阻值不在规定范围内,首先应检查与该传感器连接的导线是否发生断路及其插头是否松动。如果经过检查未发现导线中有断路现象,且插头连接牢固,就应更换该轮速传感器。

(2) 输出电压检测

用千斤顶顶起前轮,使被检车轮离地,松开手刹,拆下 ABS 电线束,在线束插接器处测量。以 30r/min 的转速转动前轮,用万用表或示波器测量传感器输出电压,其测量值应符合表的固定值。若输出电压不符合规定时,在齿圈上取 4 点,检查齿圈与车轮转速传感器之间的间隙是否过大;检查电线束安装是否有误差。

同样,以 34r/min 的转速转动后轮,用万用表或示波器测量输出电压,其测量值应符合表的固定值。如果输出电压不符合规定时,检查传感器是否有故障(见表 7-2)。

表 7-2 传感器输出电压标准值

轮速传感器	点火开关位置	ABS ECU 针脚	输出电压
左前轮传感器输出电压	OFF	11-4	3.4~14.8mV(脉冲输出)
右前轮传感器输出电压		18-3	3.4~14.8mV(脉冲输出)
左后轮传感器输出电压		2-10	> 12.2mV
右后轮传感器输出电压		1-17	> 12.2mV

(3) 检测传感器磁头与齿圈的间隙

用厚薄规片测量传感器头与齿圈之间的间隙,间隙值应满足表 7-3 规定标准值。

表 7-3 轮速传感器与齿圈之间的标准间隙

检查项目	标准值
前轮转速传感器与齿圈之间的间隙	1.10~1.97mm
后轮转速传感器与齿圈之间的间隙	0.42~0.80mm

三、励磁式轮速传感器

东风 EQ1090 E 型载货汽车的 FKX 型 ABS 系统使用励磁式轮速传感器,其电路如图 7-30 所示。

在图 7-30 中,晶体三极管 VT、电阻 R_1 和 R_2、电容 C_1 组成恒流电路给电磁式传感器提供约 40mA 的直流电流,以便使传感器铁芯建立起工作磁场。当车轮转动时,引起磁阻变化,线圈中便产生感应电动势。由于恒流电路具有较高的动态阻抗,使感应信号幅度不致大幅度衰减。电容器 C_2 用来旁路高频成分,以便减少电磁干扰。

四、霍尔效应式轮速传感器

霍尔效应式轮速传感器是利用霍尔效应原理制成的,霍尔效应式轮速传感器有以下几个优点:①传感器产生数字信号,ECU 可以直接使用,信号不需进行转换;②传感器电压不受车轮转速影响;③传感器信号不易受外界干扰。

图 7-30 传感器励磁电路

按照信号检出形式，可以分为三线制和两线制霍尔效应式轮速传感器两种。三线制传感器为一根电源线、一根搭铁线、一根信号线；两线制传感器为一根电源线、一根信号兼搭铁线。

1. 三线制霍尔效应式轮速传感器

（1）三线制霍尔效应齿圈式轮速传感器的结构与工作原理

三线制霍尔效应式轮速传感器由传感头和触发齿圈组成。传感头由永磁体、霍尔元件和电子电路等组成，永磁体的磁力线穿过霍尔元件通向触发齿轮，齿轮相当于一个集磁器，其结构如图7-31所示。

(a) 霍尔元件正对齿槽　　　　　　　(b) 霍尔元件正对齿顶

图7-31　霍尔轮速传感器磁路

齿圈随车轮一起转动，当齿轮位于图7-31(a)所示位置时，穿过霍尔元件的磁力线分散，磁场相对较弱。当齿轮位于图7-31(b)所示位置时，穿过霍尔元件的磁力线集中，磁场相对较强。这样，霍尔元件的磁力线密度发生变化，随齿圈的转动而引起霍尔电压的变化，霍尔元件将输出一个毫伏级的正弦波U_1电压。它经放大器放大成U_2电压信号后，输入施密特触发器中将正弦波信号转换成标准的脉冲U_3电压信号，最后再经输出级放大成U_4电压信号后输出。电子线路原理框图与各级波形如图7-32所示。

图7-32　电子线路原理框图与各级波形

电子线路原理如图7-33所示，其工作电压为8~15V，负载电流为100mA，工作频率为20kHz，输出电压幅值为7~14V。

图 7-33 霍尔效应式轮速传感器电子线路原理

（2）三线制霍尔效应齿圈式轮速传感器的检测

可用检测输出电压信号来判断霍尔效应式轮速传感器工作好坏，方法如下：

① 点火开关在"OFF"位置。

② 用举升机将车辆举起，使四个轮胎离地 10cm 左右。

③ 拔下轮速传感器的导线连接器插头，并用导线将线束插头与轮速传感器插头的电源端子相连。

④ 用万用表的交流电压挡检测轮速传感器的信号输出端子间的输出电压，注意：红表笔连接"＋"端子，黑表笔连接"－"端子。

⑤ 打开点火开关，松开手刹，用手转动车轮，万用表应显示交流电压在 7～14V 之间。若电压不在规定范围，则应检查传感器与齿圈之间的间隙，标准值为 0.2～0.5mm 范围内，否则间隙应进行调整。

2. 二线制霍尔效应式轮速传感器

（1）大众二线制霍尔效应磁圈式轮速传感器

① 大众二线制霍尔效应磁圈式轮速传感器的结构

霍尔效应磁环式轮速传感器的测量元件是霍尔传感器，它包括三个霍尔元件。传统的传感器齿圈（脉冲感知环）被车轮轴承上的磁密封圈所取代，这个密封圈上布置有 48 对南/北磁极（多极）。二线制霍尔效应式轮速传感器的结构如图 7-34 所示。

图 7-34 霍尔效应磁圈式轮速传感器的结构

② 大众二线制霍尔效应磁圈式轮速传感器的工作原理

当车轮转动时，轮速传感器感知磁圈通磁量的变化。三个霍尔元件是错开布置的，元件之间的距离是这样选择的：当元件 C 测出的磁通量最小时，元件 A 测出的磁通量最大，如图 7-35 所示。传感器内部会产生一个差动信号 A-C，A、C 信号波形如图 7-36 所示。

图 7-35　轮速传感器感知磁圈磁通量的变化　　　　　图 7-36　信号 A、C 的波形

霍尔元件 B 布置在 A 和 C 之间。当信号 A 和 C 以及差动信号为零时，元件 B 测出的磁通量最大。信号 B 何时达到最大值（正或负）就作为判定旋转方向的依据。例如：如果差动信号 A-C 的过零点是由信号的下降沿得到的，且信号 B 的最大值为负，那么就认为车轮在逆时针转动。信号 A-C、B 的波形如图 7-37 所示。

图 7-37　信号 A-C、B 的波形　　　　　图 7-38　霍尔效应磁环式轮速传感器
　　　　　　　　　　　　　　　　　　　　　　　　与 ESP 控制单元连接电路

③ 大众二线制霍尔效应式轮速传感器与 ESP 控制单元连接电路

图 7-38 所示是霍尔效应磁环式轮速传感器与 ESP 控制单元的连接电路。转速传感器通过一个电流接口与 ESP 控制单元相连，ESP 控制单元内装有一个低欧姆的测量电阻 R。转速传感器有两个电插头，它与测量电阻一起构成一个分压器。插头 1 和 2 之间的电压就是蓄电池电压 U_B。传感器信号在测量电阻上会产生一个电压降 U_s。这个信号电压由控制单元来进行分析。

（2）宝马二线制霍尔效应式轮速传感器

宝马 E38 型轿车采用了二线制霍尔效应式轮速传感器。当车轮旋转时，传感器就会发出方波脉冲电压，发送到 ECU，主动牵引力和稳定控制系统 ECU 接收轮速传感器信号，并发送给仪表 ECU，用来计算车辆行驶速度。

传感器只有两条线，其中一条电源线，是 ECU 为传感器提供 8V 的电源电压，另一条线是信号与搭铁线，因为霍尔元件独特的性能，使传感器的搭铁线和信号线共用一条线。当转子旋转时，传感器产生 0.75～2.5V 的方波脉冲信号。轮速传感器电路原理如图 7-39 所示。

图 7-39　轮速传感器电路原理

五、磁阻式轮速传感器

磁阻式轮速传感器除了具备主动型轮速传感器的功能外，还能够检测出车轮的旋转方向，如图 7-40 所示。磁阻式轮速传感器内部有两个磁阻，在车轮转动时产生两个信号，把这两个信号叠加在一起后，再发送到 ECU。由于车辆向前或者向后行驶时，两个磁阻发出的信号是不同的，因此 ECU 可根据传感器信号来判断车轮的旋转方向和车辆的实际行驶方向。磁阻式轮速传感器的输出波形如图 7-41 所示。

图 7-40　磁阻式轮速传感器检测车轮旋转方向原理图

图 7-41　车轮不同旋转方向时的波形图

这里以丰田皇冠轿车上使用的磁阻式车速传感器为例，说明其构造、原理及检测方法。

1. 磁阻式车速传感器的结构与工作原理

丰田皇冠轿车的轮速传感器，采用磁阻型半导体传感器，简称 MRE 传感器。磁性转子是由内置带磁性粒子的橡胶制成南北共 48 极，磁极按圆周方向均匀分布的环状垫片，镶嵌在后轮轴承内圈上，与车轮同速度旋转。MRE 传感器则安装在轮毂上固定不动，与磁性转子间存在 0.5～0.8mm 的空气间隙。

当磁性转子随车轮旋转，产生磁场变化，传感器内的磁阻值相应变化，经电路处理以脉冲信号输出给 ABSECU。MRE 传感器与广泛采用的其他方式轮速传感器比较，它能检测到从 0km/h 开始的车速，此外，还能够检测到转子的旋转方向，因此系统可以区分车辆向前还是向后的运动方向，为坡道起步辅助控制系统 HAC 提供制动控制信号。其工作原理示意图如图 7-42 所示。

图 7-42 丰田新皇冠的轮速传感器工作原理示意图

2. 磁阻式车速传感器的检测

这里以左前速度传感器为例，说明检测方法。左前速度传感器与 ABS 与牵引力执行器总成（制动防滑控制 ECU）的连接电路如图 7-43 所示。

图 7-43 左前速度传感器与制动防滑控制 ECU 端子的连接线路和端子位置

（1）输入电压检测

关闭点火开关，断开轮速传感器连接器，打开点火开关，用万用表电压挡检测 S4-2（FL+）与车身搭铁的电压，其值应在 7.5～12V 之间。若测量值不在规定范围之内，则进一步检查导线和 ECU 是否有故障。

(2) 线路导通性检测

关闭点火开关,断开轮速传感器连接器和制动防滑控制 ECU 连接器,用万用表电阻挡测量左前速度传感器 S4-2（FL＋）与 S2-18（FL＋）之间、S4-1（FL－）与 S2-4（FL－）之间的电阻,其值应小于 1Ω。若测量值不在规定范围之内,则说明导线有故障,应对导线进行维修或更换。

(3) 绝缘性检测

关闭点火开关,断开制动防滑控制 ECU 连接器,用万用表电阻挡测量 S2-18（FL＋）与搭铁之间、S2-4（FL－）与搭铁之间电阻,其值应大于 10Ω,若测量值不在规定范围之内,则说明 ECU 有故障,应对 ECU 进行维修或更换。

六、电涡流式转速传感器

电涡流式转速传感器工作原理如图 7-44 所示。在软磁材料制成的输入轴上加工一键槽,在距输入表面 d_0 处设置电涡流传感器,输入轴与被测旋转轴相连。当被测旋转轴转动时,输出轴的距离发生 $d_0+\Delta d$ 的变化。因为电涡流效应,所以将导致振荡谐振回路的品质因数变化,使传感器线圈电感随 Δd 的变化也发生变化,它们将直接影响振荡器的电压幅值和振荡频率。因此,随着输入轴的旋转,从振荡器输出的信号中包含有与转数成正比的脉冲频率信号。该信号由检波器检出电压幅值的变化量,然后经整形电路输出脉冲频率信号 f_n,经电路处理便可得到被测转速。这种转速传感器可实现非接触式测量,抗污染能力很强,可安装在旋转轴近旁长期对被测转速进行监视。最高测量转速可达 600000r/min。

图 7-44 电涡流式转速传感器工作原理图

第八章 爆燃与碰撞传感器

第一节 爆燃传感器

一、爆燃传感器的作用

爆燃传感器主要感应发动机各种不同频率的振动,并将振动转化为不同的电压信号。当发动机发生爆燃时,爆燃传感器感应到此变化并产生较大的振幅电压信号,如图8-1所示。它检测到爆燃信号并作为点火提前角的反馈信号输入ECU,实现ECU对点火提前角的修正,使其保持最佳,从而实现点火提前角的闭环控制。

图 8-1 爆燃传感器的检测频率与输出电压

二、爆燃传感器的安装位置

爆燃传感器一般安装在发动机汽缸体、火花塞或进气歧管上。

三、爆燃传感器的类型

爆燃传感器按发动机缸体振动频率的检测方式不同,可分为共振型和非共振型两种;按爆燃传感器结构的不同,分为压电式和磁致伸缩式及火花塞金属垫型几种。

四、爆燃传感器的结构与原理

共振型爆燃传感器的显著特点是传感器的共振频率与发动机爆燃的固有频率一致,并且共振体的共振频率与爆燃频率协调一致。其优点是输出电压高,不需要滤波信号。由于机械共振体的频率特性尖且频带窄,因此无法响应发动机条件变化引起的爆燃频率变化。即共振型爆燃传感器只能用于特定的发动机,不能与其他发动机互换使用,装车自由度很小。

非共振型爆燃传感器的突出优点是适用于所有的发动机，装车自由度很大。但其输出电压较低，频率特性平且频带较宽，需要配用带通滤波器（只允许特定频带的信号通过，对其他频率的信号进行衰减的电路组成的滤波器称为带通滤波器，带通滤波器一般由线圈和电容器组合而成），信号处理比较复杂。

1. 共振型压电式传感器爆燃传感器

共振型压电式爆燃传感器的结构如图 8-2 所示。

共振型压电式爆燃传感器中的压电元件紧密地贴合在振荡片上，而振荡片固定在传感器的基座上。振荡片随发动机的振动而振荡，压电元件随振荡片的振荡而发生形变，进而在其上产生一个电压信号。当发动机爆烧时的汽缸振动频率与传感器振荡片的固有频率相符合时，振荡片产生共振。这时，压电元件将产生最大的电压信号，即该类型爆烧传感器在发动机爆燃时输出的电压比较高，因此无需使用滤波器即可知有无爆燃产生，如图 8-3 所示。

图 8-2 共振型压电式爆燃传感器的结构

图 8-3 共振型压电式爆燃传感器的输出特性

2. 共振型磁致伸缩式爆燃传感器

共振型磁致伸缩式爆燃传感器主要由感应线圈、伸缩杆、永久磁铁和壳体组成，其结构如图 8-4 所示。

图 8-4 共振型磁致伸缩式爆燃传感器

图 8-5 共振型磁致伸缩式爆燃传感器的输出特性

当发动机因爆燃而使缸体产生振动时，传感器的伸缩杆就会随之产生振动，感应线圈中的磁通量变化率会发生变化，根据电磁感应原理可知，在感应线圈内会产生一个交变电动势，即传感器有一个信号电压输出，输出电压的高低取决于发动机缸体的振动强度和振动频率。当传感器的固有振动频率和发动机缸体的振动频率相同时，即当发动机缸体的振动频率达到 6～9kHz 时，传感器将产生共振，此时振动强度最大，传感器的感应线圈中产生的感应电压最高，输出特性如图 8-5 所示。

3. 非共振型压电式爆燃传感器

非共振型压电式爆燃传感器一般也安装在发动机的汽缸体上，如图 8-6 所示。传感器由平衡重（配重）、压电晶体、壳体、电气连接装置等组成，如图 8-6 所示。两个压电晶体与极性相向对接，平衡重由螺钉固定在壳体上。

图 8-6 非共振型压电式爆燃传感器的安装位置及结构

当发动机产生爆燃时，安装在缸体上的爆燃传感器内部平衡重因受振动的影响而产生加速度，平衡重将此加速惯性力转变为作用在压电晶体上的压力，压电晶体受到此加速度惯性压力后产生压电信号输出，输出电压由两个压电晶体的中央取出，经电路传输给 ECU。

在发动机爆燃发生时，由于这种传感器输出的电压不大，具有平缓的输出特性，如图 8-7 所示。因此，需要将反映发动机振动频率的输出电压信号送到识别爆燃的滤波器中，判别是否有爆燃产生的信号。

图 8-7 非共振型压电式爆燃传感器的输出电压与频率的关系

这种爆燃传感器的优点是检测频率范围宽,因此可设计成由零至数十千赫兹,可检测很宽频带的发动机振动频率传感器。用于不同发动机上时,只需调整滤波器的过滤频率即可使用,而不需要更换传感器。

4. 火花塞座金属垫型爆燃传感器

火花塞座金属垫型爆燃传感器是由压电元件制成的,又称为垫圈型压力传感器或压力检测式爆燃传感器,这种传感器安装在火花塞的垫圈与发动机缸体之间。它的结构较为简单,如图 8-8 所示。它能根据燃烧压力直接检测爆燃情况,并将燃烧压力转换成电压信号输出。这类爆燃传感器一般每缸火花塞都安装一个。

图 8-8 火花塞座金属垫型爆燃传感器的结构

当发动机发生爆燃时,在燃烧期间传感器输出的电压信号波形的振幅将增大,输入 ECU 后,经过滤波处理,根据其值的大小可判定有无爆燃的产生。爆燃传感器的输出电压波形如图 8-9 所示。

图 8-9 火花塞座金属垫型爆燃传感器的输出波形

五、爆燃传感器的检测方法

爆燃传感器的检测方法基本相似,这里以共振型伸缩式爆燃传感器为例进行介绍。共振型伸缩式爆燃传感器与 ECU 的连接电路如图 8-10 所示。爆燃传感器的检测方法如下。

(1) 电阻检测法

关闭点火开关,拔下爆燃传感器接线端 ECU 接线器。用万用表测量 ECU 爆燃传感器信号输入端与爆燃传感器信号输出端子 a 之间的连线是否导通。若不通,应检查这段配线及接线器。若检查上述线路无问题,再检查传感器 b 端子与搭铁间是否导通。如不通说明接线不良。如果检查 b 端子搭铁良好,可进一步脱开爆燃传感器接线器,单独测量其 a、b 两端子间的电阻,应接近于 0Ω。如果测量值不符合规定值,则说明该传感器已失效,应更换传感器。

图 8-10 共振型伸缩式爆燃传感器与 ECU 的连接电路

（2）示波器检测法

检测时，将传感器的连接线断开，将示波器的信号测量线与传感器的信号线相连，敲击缸体以使传感器产生信号，观察示波器的波形变化，所测波形应与标准波形相符；若测得波形不对或无波形，或在缸体振动较大时，波形振幅基本不变，则可能是传感器失效，应更换传感器。

第二节 碰撞传感器

一、碰撞传感器的作用

碰撞传感器一般用于安全气囊系统中，是安全气囊系统中主要的信号输入装置，其作用是在汽车发生碰撞时，检测汽车碰撞强度的信号，并将信号输入给安全气囊 ECU，安全气囊 ECU 根据碰撞传感器传送的信号来判断是否引爆气体发生器使气囊充气。

二、碰撞传感器的安装位置

碰撞传感器一般安装在左、右挡泥板上方，或驾驶室内前下部的左、右两侧，或前保险杠附近，或 SRS ECU 内部，如图 8-11 所示。

图 8-11　碰撞传感器的安装位置

三、碰撞传感器的结构与工作原理

1. 滚球式碰撞传感器的结构与工作原理

（1）滚球式碰撞传感器的结构

滚球式碰撞传感器又称为偏压磁铁式传感器，主要由铁质滚球、永久磁铁、导缸、固定触点和外壳组成,其结构如图 8-12 所示。两个触点分别与传感器的引线端子连接,滚球在导缸内可移动或滚动,用来感测减速度的大小。传感器壳体上印制有箭头标记,方向与传感器结构有关,或规定指向汽车前方,或规定指向汽车后方,因此在安装传感器时要注意:箭头方向必须符合使用说明书的规定。

(2) 滚球式碰撞传感器的工作原理

滚球式碰撞传感器的工作原理如图 8-13 所示。

图 8-12 滚球式碰撞传感器的结构

当汽车没有发生碰撞时,即传感器处于静止状态时,在永久磁铁的磁力作用下,导缸内的滚球被吸向磁铁,传感器内的两个触点与滚球分离,传感器电路处于断开状态,如图8-13(a) 所示。

(a) 静止状态　　　　　　　　　(b) 工作状态

图 8-13　滚球式碰撞传感器的工作原理

当汽车遭受碰撞且减速度达到设定阀值时,滚球产生的惯性力将大于永久磁铁的磁性吸力,此时滚球在惯性力作用下会克服磁力的作用沿导缸向两个固定触点运动并将固定触点接通,如图 8-13(b) 所示。当传感器用作碰撞信号传感器时,固定触点接通,将碰撞信号输入 SRS ECU;当传感器用作碰撞防护传感器时,固定触点接通,将点火器电源电路接通。

2. 滚轴式碰撞传感器的结构与工作原理

(1) 滚轴式碰撞传感器的结构

滚轴式碰撞传感器主要由止动销、滚轴、滚动触点、固定触点、底座和片状弹簧组成,其结构如图 8-14 所示。片状弹簧一端固定在底座上,与传感器的一个引线端子连接,另一端绕在滚轴上,滚动触点固定在滚轴部分的片状弹簧上,并可随滚轴一起转动。固定触点与片状弹簧绝缘固定在底座上,并与传感器的另一个引线端子连接。

图 8-14　滚轴式碰撞传感器的结构

(2) 滚轴式碰撞传感器的工作原理

滚轴式碰撞传感器的工作原理如图 8-15 所示。

汽车未碰撞时,传感器处于静止状态,滚轴和片状弹簧的弹力作用下滚向止动销一

(a) 静止状态　　　　　　　　　　(b) 工作状态

图 8-15　滚轴式碰撞传感器的结构原理

侧，滚动触点与固定触点处于断开状态，如图 8-15(a) 所示，传感器电路断开。

当汽车遭受碰撞且减速度达到设定阀值时，滚轴产生的惯性力将大于片状弹簧的弹力。此时滚轴在惯性力作用下就会克服弹簧弹力向右滚动，使滚动触点与固定触点接触，如图 8-15(b) 所示。当传感器用作碰撞信号传感器时，滚动触点与固定触点接触后将碰撞信号输入 SRS ECU；当传感器用作碰撞防护传感器时，滚动触点与固定触点接触后将点火器电源电路接通。

3. 偏心锤式碰撞传感器的结构与工作原理

（1）偏心锤式碰撞传感器的结构

偏心锤式碰撞传感器又称为偏心转子式碰撞传感器，属于惯性开关式碰撞传感器。偏心锤式碰撞传感器由壳体、偏心转子、偏心重块、固定触点、转动触点等部分组成，其结构如图 8-16 所示。

图 8-16　偏心锤式碰撞传感器的结构　　　　图 8-17　自检电阻

转子总成由偏心锤（或偏心重块）、转动触点臂及转动触点组成，安装在传感器轴上。转动臂两端固定有转动触点，转动触点随触点臂一起转动。两个固定触点绝缘固定在传感器壳体上，并用导线分别与传感器接线端子连接。在传感器外还固定一个电阻，如图 8-17 所示。电阻 R 的功用是对系统进行自检，即检测 ECU 与前气囊碰撞传感器之间的导线是否断路或短路。

(2) 偏心锤式碰撞传感器的工作原理

偏心锤式碰撞传感器的工作原理如图 8-18 所示。

汽车未碰撞时,传感器处于静止状态,偏心锤和偏心锤臂在螺旋复位弹簧弹力的作用下,顶靠在与外壳相连的挡块上,偏心锤与挡块保持接触,此时转子总成处于静止状态,转动触点与固定定触点处于断开状态,开关置于"OFF",如图 8-18(a) 所示。

当汽车遭受碰撞时,且偏心锤的惯性力矩大于螺旋复位弹簧弹力作用时,惯性力矩就会克服弹簧力矩使转子总成转动,从而带动转动触点臂转动,如图 8-18(b) 所示。当碰撞强度达到设定值时,转子总成将转动到转动触点与固定触点接触闭合的位置,此时碰撞传感器接通 SRS 系统的搭铁回路,向 ECU 输入一个"ON"信号,进而引爆充气元件向气囊充气。

图 8-18　偏心锤式碰撞传感器的工作原理

4. 电阻应变计式碰撞传感器的结构与工作原理

(1) 电阻应变计式碰撞传感器的结构

电阻应变计式碰撞传感器主要由电子电路、电阻应变计、振动块、缓冲介质和壳体组成,其结构如图 8-19(a) 所示。应变计的电阻 R_1、R_2、R_3、R_4 制作在硅膜片上,如图 8-19(b) 所示。当硅膜片产生变形时,变电阻的阻值就会发生变化。电子电路包括稳压与温度补偿电路 W、信号处理与放大电路 A,如图 8-19(c) 所示。应变电阻一般都连接成桥式电路,并设计有稳压和温度补偿电路,以提高传感器的检测精度。

图 8-19　电阻应变计式碰撞传感器的结构与原理

(2) 电阻应变计式碰撞传感器的工作原理

当车辆遭受碰撞时，碰撞传感器的振动块振动，缓冲介质随之振动，进而使应变计的应变电阻产生变形，应变电阻阻值随之发生变化。由于应变电阻以电桥电路的方式连接，随着应变电阻的变化，电桥电路的输出电压也会发生变化，信号经过处理与放大后，传感器将变化的信号电压输入 SRS ECU。SRS ECU 根据传感器输入的电压信号的强弱便可判断碰撞的激烈程度。当信号电压超过设定值时，SRS ECU 就会立即向点火器发出点火指令引爆点火剂，进而向气囊充气，打开气囊。

5. 压电效应式碰撞传感器的结构与原理

压电效应式碰撞传感器是利用压电效应制成的传感器。压电效应是指压电晶体在压力作用下，晶体外形发生变化进而使其输出电压发生变化，如图 8-20 所示。压电晶体通常用石英或陶瓷制成，在压力作用下，压电晶体的外形和输出电压就会发生变化。

图 8-20　压电效应

当车辆遭受碰撞时，传感器内的压电晶体在碰撞产生的压力作用下，压电晶体的电阻值发生变化，通过电路的连接后会使电路的输出电压发生变化。传感器将该电压信号输入 SRS ECU，SRS ECU 根据传感器输入的电压信号的强弱即可判断碰撞的激烈程度。如果电压信号超过设定值，SRS ECU 就会立即向点火器发出点火指令，引爆点火剂使气体发生器给气囊充气，从而使气囊膨胀开，达到保护驾驶员和乘员的目的。

6. 水银开关式碰撞传感器的结构与原理

(1) 水银开关式碰撞传感器的结构

水银开关式碰撞传感器是利用水银良好的导电特性制成的传感器，一般用做防护传感器（安全传感器）。它主要由水银、电极、密封圈、密封螺塞及壳体组成，如图 8-21 所示。

图 8-21　水银开关式碰撞传感器的结构

(2) 水银开关式碰撞传感器的工作原理

水银开关式碰撞传感器的工作原理如图 8-22 所示。

当车辆未碰撞时，水银处于静止状态，在其自身重力作用下处于如图 8-22(a) 所示的位置，传感器的两个接线端子处于断开状态。

当车辆碰撞时且减速度达到设定值时，如图 8-22(b) 所示，水银产生的惯性力及其运动方向的分力将克服其重力的分力使水银向传感器电极端移动，使传感器的两个电极接通。当传感器用作信号传感器时，两个电极接通，将碰撞信号输入 SRS ECU；当传感器用作碰撞防护传感器时，将点火器电源电路接通。

图 8-22 水银开关式碰撞传感器的工作原理

7. 阻尼弹簧式碰撞传感器的结构与原理

（1）阻尼弹簧式碰撞传感器的结构

阻尼弹簧式碰撞传感器用于整体式安全气囊。它装在方向盘的气囊内，一旦汽车发生碰撞，它可使点火剂点燃，让充气装置的气体发生剂燃烧，使气囊充气膨胀。阻尼弹簧式碰撞传感器由球体、导向筒、点火针、触发杠杆、平衡弹簧、点火弹簧等组成，其结构如图8-23所示。

（2）阻尼弹簧式碰撞传感器的工作原理

阻尼弹簧式碰撞传感器的工作原理如图 8-24 所示。

图 8-23 阻尼弹簧式碰撞传感器的结构

当汽车发生碰撞时，传感器受到一个向后的惯性力作用，传感器内球体在惯性力作用下沿导向筒向下移动（图8-24中所示方向），推动触发杠杆绕支点 A 转动，触发杠杆左端压缩弹簧；当冲撞减速度达到一定值时，触发杠杆转动到触发杠杆上的锁止针失去作用的位置，此时引燃高速冲击点火剂而点燃气体发生剂。

图 8-24 阻尼弹簧式碰撞传感器的工作原理

这种方式是非电控方式的，其结构简单，只能作为气囊装置发挥作用，且没有可靠的补救功能和自我诊断功能。

8. 中央加速度传感器

（1）中央加速度传感器的结构

中央加速度传感器又称为防护传感器或中央安全气囊传感器，安装在安全气囊电脑（SRS ECU）的内部，如图8-25所示。

中央加速度传感器由悬臂、计示电阻及集成电路组成。计示电阻是一个半导体应变片，半导体应变片两端被悬臂架压住，其结构及电路如图8-26所示。

图 8-25 中央安全气囊加速度传感器的安装位置

图 8-26 中央加速度传感器的结构及电路

(2) 中央加速度传感器的工作原理

当车辆发生碰撞时,半导体应变片在悬臂架惯性力作用下发生弯曲应变,受压后的半导体应变片的电阻值产生变化,电阻的变化引起集成电路输出电压 U_0 的变化。汽车的速度越大,碰撞后产生的减速度越大,传感器输出的电压越大。由于半导体压力传感器的输出特性受温度影响,因此常采用晶体管的基极-发射极间的电压变化来对温度进行修正。安全气囊 ECU 根据碰撞信号进行分析处理,若需要引爆安全气囊,安全气囊 ECU 便会接通点火电路,如此时前方碰撞传感器的触点同时也闭合,则气体发生器的电路接通,安全气囊引爆。

中央加速度传感器信号处理电路如图 8-27 所示。从主放大器输出的电压与作用在夹板上的加速度成正比,具有对夹板折断或放大器电路有无异常做自我检查的功能。在发动机启动前进行检验,在点火开关接通后,即能发出 ECU 的故障诊断电路来的检验信号,矩形波

图 8-27 中央加速度传感器信号处理电路

电压加于阻抗桥上,如一切正常,则从主放大器输出微分波形。此外,在通常转动时也进行日常检查,预先发现异常情况,引起驾驶员注意。

四、碰撞传感器的检测

1. 碰撞传感器的检测注意事项

① 检查安全气囊系统时,即使只发生了轻微碰撞而安全气囊并未膨开,也应对碰撞传感器气囊系统及其部件进行检查。

② 安全气囊系统对零部件的工作可靠性要求极高,所有零件均为一次性使用部件,绝不要试图修复传感器和 SRS 系统部件,同时应更换左前和右前碰撞传感器。在更换碰撞传感器时,应使用新品,且不允许使用不同型号车辆上的零部件。

③ 在检修汽车其他零部件时,如有可能对安全气囊系统的碰撞传感器产生冲击,则应在检修工作开始之前,先将碰撞传感器拆下,以防安全气囊误开。

④ 安全气囊系统的防护碰撞传感器采用水银开关式碰撞传感器。由于水银蒸发有剧毒。因此该传感器更换之后,换下的旧传感器不能随意毁掉,应作为有害废物处理。当车辆报废或更换 SRS 微机时,应当拆下水银开关式碰撞传感器总成并作为有害废物处理。

⑤ 当碰撞传感器摔碰之后或其壳体、支架、导线连接器有裂纹、凹陷时,应换用新件。

⑥ 前碰撞传感器和安全气囊系统的重要组件不得暴晒或接近火源。

⑦ 在安全气囊系统各个总成或零部件的表面上,均标有说明标牌或注意事项,使用与检修时必须遵照执行。

⑧ 碰撞传感器的动作具有方向性,安装前碰撞传感器时,传感器壳体上的箭头必须指向规定方向。安装丰田车系前碰撞传感器时,则要求传感器壳体上的箭头必须指向汽车前方。

⑨ 前碰撞传感器的定位螺栓和螺母必须经过防锈处理,拆卸或更换前碰撞传感器时,必须同时更换定位螺栓和螺母。

⑩ 前碰撞传感器引出导线的连接器装有电路连接诊断机构。安装连接器时,插头与插座应当插牢。当连接器插头与插座未插牢时,自动诊断系统将会检测出故障并将故障码存入存储器中。

2. 碰撞传感器的检测

现以丰田凌志 LS400 轿车的前碰撞传感器为例对碰撞传感器的检测方法进行介绍。

(1) 检查前碰撞传感器电路

拔下 SRS ECU 线束插头,先检测线束插头上 +SR 与 -SR 端子、+SL 端子与 -SL 端子之间的电阻,如图 8-28 所示。正常阻值应为 755~885Ω。如电阻值不正常,则说明端子 +SR 或 -SR,+SL 或 -SL 至前碰撞传感器之间的线束搭铁或前碰撞传感器电路有故障。

图 8-28　检测前碰撞传感器电路

图 8-29　传感器线路搭铁的检测

再检测+SR、+SL 端子与车身（搭铁）之间的电阻，如图 8-29 所示。如果为无穷大，说明线束良好，故障出在传感器，即前碰撞传感器需要更换；如果阻值不是无穷大，说明端子+SR 或+SL 至前碰撞传感器之间的线束搭铁，需要修理或更换线束。

（2）检查前碰撞传感器

拔开前碰撞传感器线束连接器插头，用万用表欧姆挡检测传感器插头各端子之间的电阻值，如图 8-30 所示。正常电阻值见表 8-1，如果不符，应当更换前碰撞传感器。

图 8-30 前碰撞传感器的检测

表 8-1 正常电阻

测量端子	正常阻值
+S 与+A	755~885Ω
+S 与-S	无穷大
-S 与-A	小于 1Ω

（3）检测前碰撞传感器+SR、+SL 端子间的电压

接上蓄电池负极电缆端子，将点火开关转到"ON"位置，用万用表电压挡在 SRS ECU 线束插头上检测+SR、+SL 端子与车身（搭铁）之间的电压，如图 8-31 所示。正常电压应为 0V；若电压超过 0V，说明端子+SR 或+SL 至前碰撞传感器之间的线路与电源线搭铁，需要修理或更换线束与连接器。

（4）检查 SRS 微机至前碰撞传感器之间的线路

拔下 SRS ECU 机线束连接器插头，分别用导线将插头上的+SR 与-SR、+SL 与-SL 端子连接起来，用万用表电阻挡检测传感器插头上+SR 与-SR、+SL 与-SL 端子之间的阻值，如图 8-32 所示。正常电阻值应小于 1Ω；如果测量值不符，说明前碰撞传感器至束断路或接触不良，应进行修理或更换。

图 8-31 检测前碰撞传感器的线路电压

图 8-32 检测前碰撞传感器是否断路

第九章 其他传感器

第一节 电流传感器

一、晶体管式电流传感器

晶体管式电流传感器电路如图 9-1 所示,它内部设有检测电流用电阻。使负荷电流通过该电阻,并利用运算放大器(OP 比较电路)将其电压降值与基准电压进行比较,当电流检测电阻的电压降低于基准电压时,比较器的输出电流点亮报警灯。

图 9-2 所示是晶体管式电流传感器检测制动灯灯丝断开的工作原理。在车上使用 2～4 个灯的电路中,当有 1 个或 1 个以上灯丝断线或总功率不足时,可以使报警灯点亮。

图 9-1　晶体管式电流传感器电路

图 9-2　制动灯灯丝断开检测系统电路

电流传感器具有适应灯泡电流的电压补偿特性,其特性曲线如图 9-3 所示。

二、集成电路式灯泡断丝检测传感器

集成电路式灯泡断丝电流传感器用于检测前照灯、尾灯、制动灯、牌照灯的灯丝状况,它可以检测出灯泡全部点亮时的电流与 1 个灯泡灯丝断开时的电流变化量,然后,将断丝或功率不足的信息通过点亮报警灯方式向驾驶员报警,该报警系统电路如图 9-4 所示。

集成电路式(IC)灯泡断丝检测传感器是利用 IC 比较器进行检测,其特性可用图 9-5 说明,在图中 c 设定在灯全亮时的电流特性 a 与 1 个灯断丝电流特性 b 的变化范围之间,由此可以检测出灯泡有无断丝。

图 9-3 电流传感器的特性曲线

图 9-4 灯泡断丝检测系统电路

图 9-5 集成电路式灯泡断丝检测传感器的特性

三、舌簧开关式电流传感器

舌簧开关式电流传感器广泛用在汽车照明系统中，主要用于检测制动灯、尾灯、牌照灯及制动灯的灯丝是否有断开的，如果有1个或1个以上的灯泡灯丝断丝时，报警灯点亮。它的外形与结构如图9-6所示。

图 9-6 舌簧开关式电流传感器的外形与结构

舌簧开关式电流传感器在其电流线圈的外面绕有电压补偿线圈，它的作用是防止电压的变化引起传感器的误动作。在骨架的中间设置有舌簧开关。

舌簧开关式电流传感器工作原理电路如图9-7所示，当灯泡控制开关闭合时，若灯泡全部工作正常，电流线圈中有额定电流流过，这时在线圈产生的磁力的作用下，舌簧开关闭合，如果有灯泡断丝，相应的电流线圈中的电流减少，磁力减弱，使舌簧开关断开，同时报警灯点亮对驾驶员发出警报提醒。

图 9-7　舌簧开关式电流传感器的电路

图 9-8　灯泡断丝检测电路

四、电阻-集成电路式电流传感器

电阻-集成电路式电流传感器用于检测尾、牌照灯、制动灯及前照灯是否断丝。当出现断丝时，传感器接通电路，点亮报警灯通知驾驶员。

电阻-集成电路式电流传感器检测灯泡断丝电路原理如图 9-8 所示。电路内部有比较放大器 IC1，这是专门用于检侧断丝的集成电路，C 点处有基准电压形成。在正常情况下，电流检测电阻 R_1 上的电流要大于基准电流，A 点电压低于基准电压，比较放大器 IC1 的输出为 0，晶体管 T 截止，报警灯不亮。

当有灯泡出现断丝时，电阻 R_1 上的电流减少，A 点电位升高并高于基准电压，这时，比较放大器 IC1 的输出为 1，晶体管 T 的基极中有电流通过，T 导通，报警灯点亮，向驾驶员发出故障警告。

五、HV 蓄电池组电流传感器

HV 蓄电池组电流传感器安装在 HV 蓄电池正极电缆侧，如图 9-9 所示。它检测电流流入和流出 HV 蓄电池的安培数。

HV 蓄电池组电流传感器与蓄电池智能控制单元连接电路如图 9-10 所示。蓄电池智能

图 9-9　HV 蓄电池组电流传感器的安装位置

单元接收 0 和 5V 之间的电压，此电压与电缆的安培数流量成比例，电流传感器输出特性曲线如图 9-11 所示。该电压从蓄电池电流传感器进入端子 IB。蓄电池电流传感器输出电压低于 2.5V 表示 HV 蓄电池正在放电，电压高于 2.5V 表示 HV 蓄电池正在充电。

图 9-10　HV 蓄电池组电流传感器与蓄电池智能控制单元连接电路

图 9-11　电流传感器输出特性曲线

根据从蓄电池电流传感器输入到蓄电池智能单元端子 IB 的信号，混合动力车辆控制 ECU 确定由 HV 蓄电池接收的充电量或放电量的安培数。根据累计的安培数，混合动力车辆控制 ECU 也计算 HV 蓄电池的 SOC（充电状态）。

第二节　光照传感器

一、日照传感器

1. 日照传感器作用与安装位置

日照传感器检测日照的强度与方向。它安装在仪表板除霜通风口之间的一个黑色塑料滤光器下面，阳光透过滤光器照射下来。

2. 日照传感器的结构

日照传感器壳体中含有两个光电二极管与一个光学元件，如图 9-12 所示。该光学元件分为两个腔室，每个各含一个光电二极管。

(a) 外观

(b) 内部结构

图 9-12　日照传感器的结构

3. 日照传感器的工作原理

日照传感器的工作原理如图 9-13 所示。如果阳光从左侧照射到传感器上，光学元件本身的特性会将射线集中到左侧光电二极管上，从而该侧光电二极管上产生的电流会明显地大于另一侧的光电二极管，如图 9-13(a) 所示。如果阳光从右侧照射，那么该侧的光电二极管就具有更高的电流，如图 9-13(b) 所示。这样，Climatronic 控制单元就可以判定车内的哪一侧受太阳影响而升温。

图 9-13　日照传感器的工作原理

二、光电式光量传感器

光电式光量传感器可以把周围亮度的变化转换成元件电阻值的变化。这种特性可以用在上各种灯具亮灯、熄灯的自动控制。

光电式光量传感器是由半导体元件硫化镉做成的，其结构如图 9-14(a) 所示。在该传感器中，光电元件硫化镉为多晶硅结构，在传感器中把硫化镉作成曲线形状，目的是增大与电极的接触面积，从而提高该传感器的灵敏度。硫化镉的特性如图 9-14(b) 所示。它的特性是，当周围较暗时，其电阻值变大；而当周围较亮时，它的电阻值又会变小。

图 9-14　光电式光量传感器的结构及特性

光电式光量传感器在汽车的安装位置与结构如图 9-15 所示。灯光控制器安装在仪表板的上方，到傍晚时，它使尾灯点亮，当天色变得更暗时，前照灯被点亮。当对面来车时，还具有变光功能，这些功能都是自动完成的。

灯光控制器的系统工作原理电路如图 9-16 所示。当点火开关接通后，也就是把灯光控制器的转换开关置于 AUTO（自动）挡，控制器获得传感器输入信号，自动控制尾灯及前照灯的亮灭；当关闭点火开关后，控制器的电源电路被切断，这时与周围环境条件无关，车

图 9-15 光电式光量传感器安装位置与结构

图 9-16 灯光控制器电源电路

灯熄灭。此外,利用灵敏度调整电位器可以调整自动亮灯及熄灯的敏感程度。控制器的工作情况如表 9-1 所示。

表 9-1 灯光控制器的工作情况

周围条件	尾灯电路		前照灯电路		尾灯小灯	前照灯
	输出	Tr1	输出	Tr2		
明亮(传感器电阻小)	0	OFF	0	OFF	灯灭	灯灭
稍暗(传感器电阻稍大)	1	ON	0	OFF	灯亮	灯灭
很暗(传感器电阻很大)	1	ON	1	ON	灯亮	灯亮

三、自动控制器用光量传感器

自动控制器用光量传感器的结构如图 9-17 所示,它把自动控制继电器作为混合集成电路的基片和传感器形成一个整体。

光量传感器上光敏二极管的工作原理如图 9-18(a) 所示,PN 结上有光照射时,PN 结吸收光能产生大量的电子和空穴,P 型半导体上产生的电子向 N 型半导体中移动,N 型半

第九章 其他传感器

图 9-17 自动控制器用光量传感器的结构

(a) 工作原理　　　　　　　　　(b) 特性曲线

图 9-18 光量传感器上光敏二极管的工作原理及特性曲线

导体上产生的空穴向 P 型半导体上移动。所以，当把半导体分别装上电极并从外部短路时，从 P 侧电极到 N 侧电极有光电流通过，光敏二极管就是利用这种现象制作的；光敏二极管中的电流与照射到元件上的光量成正比，如图 9-18(b) 所示。

灯光自动控制器可以自动地点亮和熄灭前照灯、尾灯，灯光自动控制器主要由光量传感器、尾灯继电器和前照灯继电器等组成。灯光自动控制逻辑电路如图 9-19 所示，该系统在进行自动控制时的工作状况如表 9-2 所示。

图 9-19 灯光自动控制逻辑电路

表 9-2 灯光自动控制器的部件工作状况

序号	车灯开关	点火开关	司机座上门灯开关	环境状况	尾灯	前照灯
1	OFF 挡	—	—	—	×	×
2	尾灯挡	—	—	—	○	×
3	前照灯挡	—	—	—	○	○
4	自动挡	ON 挡	OFF 挡	明亮	×	×
5	自动挡	ON 挡	OFF 挡	稍暗	○	×
6	自动挡	ON 挡	OFF 挡	暗	○	○
7	自动挡	ON 挡	OFF 挡	瞬间明亮	○	○
8	自动挡	ON 挡	OFF 挡	暗	○	○
9	自动挡	ON 挡	ON 挡	暗	×	×
10	自动挡	OFF 挡	OFF 挡	暗	×	×
11	自动挡	OFF 挡	OFF 挡	暗	○	○
12	自动挡	ON 挡	OFF 挡	暗	○	○

注：○灯亮；×灯灭。

第三节 湿度传感器

一、热敏电阻式湿度传感器

1. 热敏电阻式湿度传感器的作用

热敏电阻式湿度传感器用于汽车风窗玻璃的防霜和车内相对湿度的检测。

2. 热敏电阻式湿度传感器的结构与工作原理

热敏电阻式湿度传感器装有金属氧化物系列陶瓷材料制成的多孔烧结体，传感器就是利用其表面对水分的吸附作用来工作的。当烧结体吸附了水分子时，其电阻值就会发生变化，这一变化就可以检测出车内湿度的变化，其结构与工作特性如图 9-20 所示。从曲线图中可以看出，当湿度增加时，传感器的电阻值减少，当相对湿度从 0% 变化到 100% 时，传感器的电阻值有数千倍变化。这种传感器的电阻值随温度变化而变化，所以给湿度传感器再配以温度补偿热电阻后，才能提高测试精度。

(a) 结构

(b) 特性曲线

图 9-20 湿度传感器的结构与特性曲线

3. 热敏电阻式湿度传感器的检测

可用欧姆表来测量湿度传感器的电阻值大小。当湿度变化时，电阻值应当改变，相对湿度越大，电阻值越小；相反，其电阻值越大。否则应更换湿度传感器。

二、结露传感器

1. 结露传感器的作用

结露传感器用于检测车窗结露，当处于结露状态时，传感器使汽车空调以除霜方式工作，从而保持车内乘员的良好视野。

2. 结露传感器的结构与工作原理

在接近结露状态的湿度区域，厚膜状陶瓷半导体的电阻值将急剧地变化，结露传感器就是利用这一原理制成的。

结露传感器内部由电极、感湿膜、热敏电阻及铝基板组成，其结构及特性如图 9-21 所示。在高湿度情况下，传感器把湿度转换成电阻值的变化并对湿度进行测定，测试精度高，响应特性好。

图 9-21　结露传感器的结构与特性

三、空气湿度传感器

1. 空气湿度传感器的作用

空气湿度传感器的所有功能都集中在传感器壳体中。为了能够进行自动除霜功能的自适应控制，空气湿度传感器检测空气湿度、传感器处的相关温度和挡风玻璃温度三个测量值。

2. 空气湿度传感器的安装位置

在外界温度很低的情况下，挡风玻璃上部的三分之一会变得非常冷因而容易起雾。为了能测量到该区域，空气湿度传感器安装在后视镜的根部，如图 9-22 所示。

3. 空气湿度传感器的结构与工作原理

（1）测量空气湿度

测量空气湿度，就是确定座舱内气态水（水蒸气）的所占比例。空气吸收水蒸气的能力取决于空气温度。这就是为什么在测量湿度等级时必须确定相关的空气温度。空气越热，吸收的水蒸气就越多。若富含水蒸气的空气冷却下来后，水分就会冷凝。形成细小水滴并附着在挡风玻璃上。

湿度是通过薄层电容传感器测量的。空气湿度传感器的工作模式等同于平行极板电容器，如图 9-23 所示。

图 9-22　空气湿度传感器的安装位置

图 9-23　空气湿度传感器的基本结构　　　图 9-24　空气湿度测量的基本原理

电容器的电容，即存储电能的容量，取决于电容极板的表面积、间隔以及两极板之间填充材料的特性，此材料叫做电介质，其基本结构如图9-24所示。这种特殊的电容器可以吸收水蒸气。吸收的水分改变了电介质的电气特性，从而改变了电容器的电容量。所以测得的电容值就表示了空气湿度。传感器电子装置将所测的电容值转换成电压信号。

(2) 传感器处测得的相关温度

为了确定空气湿度，测量湿度位置附近的温度也必须确定。此相关温度是很重要的，因为空气湿度非常依赖空气的温度。若湿度测量点距温度测量点太远，则该空气湿度可能不准确，因为温度的差异会导致湿度的不同。

（3）测量挡风玻璃温度

测量一个物体（这里是挡风玻璃）的红外线辐射，是用一个高灵敏度的红外线辐射传感器进行的。如果挡风玻璃的温度发生变化，在平垫圈发出的热辐射中，其红外部分也会变化。该传感器检测这种变化，并且传感器电子装置将其转换成电压信号。挡风玻璃温度测量原理如图9-25所示。

图 9-25　挡风玻璃温度测量原理

第四节　力和转矩传感器

一、光电式转矩传感器

光电式转矩传感器是利用光电转换原理制成的，它具有很高的精确度和可靠性，其工作原理如图9-26所示。光线从光源S沿平行轴线方向射出，通过横置于当中的一对挡片槽缝，到达光电转换器D。由此可见，光电转换器D所接收到的光线强度是由槽缝重叠的程度所决定的。两槽缝挡片之间用弹性连接，当施以扭力时，挡片1与挡片2重叠，转矩越小，重叠越少，从槽缝通过的光线越多，而光电转换器输出的电压越高，反之，则电压越低。当电压输入给ECU后，就可实现对转矩的自动控制。

二、磁性转矩传感器

磁致伸缩特性是指当材料承受负荷引致机械应力时，铁磁体的磁导率会发生变化。磁性转矩传感器就是利用铁磁体的磁致伸缩特性制成的。磁性转矩传感器通过电路的连接转化为

图 9-26 光电式转矩传感器的工作原理

电压信号输出,通过测量导磁率的变化,即可求得转矩。当发动机曲轴受到扭应力时,会引起传感器中的铁磁体的导磁率的变化,利用这一变化可实现对其转矩的测量,如图 9-27 所示。

图 9-27 磁性转矩传感器的结构原理

三、扭杆扭矩传感器

1. 扭杆扭矩传感器的结构

扭杆扭矩传感器由主轴(输入轴)、扭杆、2个解析器和小齿轮轴(输出轴)组成,其结构如图 9-28 所示。传感器的 2 个解析器分别安装在主轴(输入轴)和小齿轮轴(输出轴)上,而主轴和小齿轮轴与扭杆耦合在一起。该结构产生相对角度差异(等于扭杆的扭转量)。驾驶员转动方向盘时,会产生主轴(输入轴)传输至解析器 1(输入侧)的角度与小齿轮轴(输出轴)传输到解析器 2(输出侧)的角度之间的差异。

2. 扭杆扭矩传感器的工作原理

(1)直行时

如果车辆直线行驶且驾驶员没有转动方向盘,则动力转向 ECU 总成判定此时输出规定

第九章 其他传感器

图 9-28 扭杆扭矩传感器的结构

电压,以指示方向盘位于中间位置。因此,无电流施加至动力转向马达。

(2) 转向时

驾驶员转动方向盘时,解析器 1 和解析器 2 的转子部分之间产生相对角度差异,仅与扭杆的扭转量相等,如图 9-29 所示。解析器 1 和解析器 2 的定子部分以电信号形式接收转子角度并将其输出至动力转向 ECU 总成,扭矩传感器输出图像如图 9-30 所示。根据这些输入信号,动力转向 ECU 总成计算 2 个解析器检测到的角度之间的相对差异。动力转向 ECU 总成根据此差异来计算扭矩值。然后,动力转向 ECU 总成根据计算的扭矩值和车速来计算辅助电流。根据从转角传感器获得的信息,动力转向 ECU 总成以预定电流驱动动力转向马达。

图 9-29 产生相对角度差异

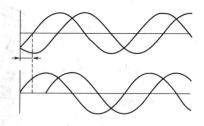

小转向扭矩　　　　　　　　　　　大转向扭矩

图 9-30　扭矩传感器输出图像

第五节　雨滴传感器

刮水器控制开关置于 AUTO 位置时，雨滴感应功能根据雨滴量来控制刮水器定时。

一、压电式雨滴传感器

1. 压电式雨滴传感器的结构

压电式雨滴传感器由振动板、压电元件、放大电器、壳体及阻尼橡胶构成，其如图 9-31 所示。

图 9-31　雨滴传感器的结构

2. 压电式雨滴传感器的工作原理

振动板的功用是接收雨滴冲击的能量，按自身固有的振动频率进行弯曲振动，并将振动传递给内侧压电元件上，压电元件把从振动板传递来的变形转换成电压信号。雨滴检测用传感器上的压电元件的结构如图 9-32 所示，它是在烧结钛酸钡陶瓷片两侧加真空镀膜电极制成的，当压电元件上出现机械变形时，在两侧的电极上就会产生电压，如图 9-33 所示。因此，当雨滴落到振动板上时，压电元件上就会产生电压，电压大小与加到振动板上的雨滴能量成正比，一般为 0.5~300mV。放大电路将压电元件上产生的电压信号放大后再输入到刮水器放大器中。

图 9-32 压电元件的结构

图 9-33 压电元件的工作原理

二、光电式雨滴传感器

1. 光电式雨滴传感器的结构

光电式雨滴传感器由 2 个可以发出红外线的发光二极管（LED）、1 个可以接收红外线的光电二极管、1 个透镜和雨滴传感器胶带组成，其结构如图 9-34 所示。

图 9-34 光电式雨滴传感器的结构

2. 光电式雨滴传感器的工作原理

光电式雨滴传感器的工作原理如图 9-35 所示。

(a) 无雨滴　　　　　　　　　　　　　(b) 有雨滴

图 9-35 光电式雨滴传感器的工作原理

如果检测区域内没有出现雨滴，则LED发出的红外线全部被挡风玻璃反射并被光电二极管接收，如图9-35(a)所示。

如果检测区域内有雨滴，由于折射率发生变化，会有部分红外线通过雨滴穿透挡风玻璃，从而减少了光电二极管接收到的红外线量，如图9-35(b)所示。因此，为了以最佳刮水定时操作刮水器，该功能控制间歇、低速和高速刮水器操作。

参 考 文 献

[1] 魏春源等译. 汽车电气与电子. 北京：北京理工大学出版社，2004.
[2] 鲁植雄等. 汽车传感器检测图解. 南京：江苏科学技术出版社，2007.
[3] 贺建波，贺展开主编. 汽车传感器的检测. 北京：机械工业出版社，2005.
[4] 姜立标主编. 汽车传感器及其应用. 北京：电子工业出版社，2010.
[5] 宋福昌等编. 汽车传感器识别与检测图解. 北京：电子工业出版社，2003.
[6] 吴文琳，李美生主编. 汽车传感器识别与检修精华. 北京：机械工业出版社，2005.
[7] 郭彬主编. 汽车传感器与检测技术. 北京：北京大学出版社，2010.
[8] 何金戈主编. 汽车传感器原理与检修. 北京：化学工业出版社，2009.
[9] 宋年秀，刘超，杜燕蕊主编. 怎样检测汽车传感器. 北京：机械工业出版社，2007.